역사 속 세기의 로맨스

역사 속 세기의 로맨스 10 그레이스 켈리와 레니에 3세

2014년 6월 30일 초판 1쇄 발행
2017년 1월 10일 초판 3쇄 발행

글 박시연 / 그림 유수미
펴낸이 이철규 / 펴낸곳 북스
편집 이은주 / 편집디자인 이종한

편집부 02-336-7634 / 영업부 02-336-7613 / FAX 02-336-7614
홈페이지 http://www.vooxs.kr / 등록번호 제 313-2004-00245호 / 등록일자 2004년 10월 18일

주소 서울특별시 광진구 동일로 4길 32 2층
값 10,800원
ISBN 978-89-6519-067-7 74800
　　　978-89-6519-043-1 (세트)

잘못된 서적은 구입하신 서점에서 교환하여 드립니다.
이 책은 저작권법에 의해 보호를 받는 저작물이므로 불법 복제와
스캔 등 무단 전재 및 유포 · 공유를 금합니다.

이 도서의 국립중앙도서관 출판시도서목록(CIP)은 서지정보유통지원시스템 홈페이지(http://seoji.nl.go.kr)와
국가자료공동목록시스템(http://www.nl.go.kr/kolisnet)에서 이용하실 수 있습니다.
(CIP제어번호 : CIP2014018517)

역사 속 세기의 로맨스

10 그레이스 켈리와 레니에 3세

글 박시연 그림 유수미

머리말

　'세기의 로맨스'는 말 그대로 세계가 놀랄 만한 로맨스를 다룬 글입니다.
　주인공 이지가 타임 슬립을 통해 과거의 시공으로 떨어지고, 그곳에서 '헨리 8세와 앤 블린', '샤 자한과 뭄타즈 마할', '원효대사와 요석공주' 등 역사에 기록될 만한 강렬하고도 아름다운 사랑을 나눈 주인공들을 만나 함께 기뻐하고 슬퍼하며 사랑을 배워간다는 내용입니다. 이렇게 과거에서 만난 친구들을 통해 사랑의 진정한 의미와 가치를 깨달으며 이지는 조금씩 성장합니다. 그리고 이런 성장을 바탕으로 현실세계에서 자신을 무던히도 괴롭히지만 때때로 묘한 분위기로 헷갈리게 만드는 킹카 중의 킹카 주노와의 사랑을 가꾸어 나갑니다.
　세기의 로맨스는 물론 로맨스를 중심으로 하는 시리즈입니다. 하지만 그 시대에 살았던 주인공들의 삶과 사랑을 현실세계에서 온 이지의 눈으로 지켜보고 느끼면서 당시의 역사에 대해 자연스럽게 배우게 됩니다. 그들의 사랑 자체가 역사가 되는 것이지요.

  우리 학생 독자들에게 로맨스는 언제나 중요한 관심거리일 겁니다. 누구나 한 번쯤은 밤하늘의 별을 올려다보며 시크한 왕자님과의 사랑을 꿈꾸고, 또한 거리를 걷거나 지하철을 타고 가다가 첫 사랑과의 우연한 재회를 꿈꾸기도 했겠지요. 세기의 로맨스를 펼치는 순간, 여러분이 기대하는 그런 설렘을 만날 수 있습니다.

  더불어 그들이 어떻게 그런 사랑을 하고, 어떻게 그런 행복 혹은 비극을 맞았는지 그 역사적 배경까지 알게 된다면 더욱 흥미진진하지 않을까요?

박시연

차례

머리말 _6

가슴앓이 _11

세기의 여배우 그레이스 켈리 _26

백마 탄 왕자님과
어설픈 바람둥이 _54

사랑과 진실 _86

세기의 결혼식 _107

카지노 습격사건 _130

안녕, 눈부셨던 시절이여 _159

부록 세기의 여배우 그레이스 켈리 _177

가슴앓이

"어떡하지? 주노 선배에게 무슨 일이 생기면 어떡하면 좋지?"

이지는 병원 응급실 앞을 서성였다. 방금 전까지 이지는 주노 곁에 있었다. 그런데 그녀가 너무 초조해 하자 의사 선생님이 잠깐 나가 있는 게 좋겠다고 했던 것이다.

이지가 더 이상 참지 못하고 다시 응급실 안으로 들어가려는 순간, 자동문이 열리며 의사 선생님이 나왔다.

"선생님, 어떻게 됐나요?"

"아직도 집에 안 갔니?"

"주노 선배 혼자 두고 어떻게 가요? 그보다 선배의 상태는 어때요?"

"위험한 고비는 넘겼으니까 너무 걱정하지 마렴."

"하느님 감사합니다!"

양손을 모아 쥐는 이지의 팔을 툭툭 두드린 후, 의사 선생님이 걸음을 옮겼다.

"고맙습니다. 고맙습니다, 선생님."

멀어지는 선생님의 뒷모습을 향해 연신 허리를 조아리던 이지가 응급실 안으로 뛰어 들어갔다. 술에 취해 넘어지는 바람에 팔에 깁스를 한 아저씨, 교통사고 때문에 머리에 붕대를 감은 아가씨, 식중독에 걸린 듯 얼굴에 붉은 반점이 열꽃처럼 피어난 꼬마를 스쳐 이지가 구석 쪽 커튼이 쳐진 침대를 향해 걸어갔다.

"꺄악!"

커튼을 확 젖힌 이지의 입에서 비명이 터져 나왔다. 머리에서부터 발끝까지 붕대를 칭칭 휘감은 채 누워 있는 주노를 발견했기 때문이다. 응급실 안에 있던 모든 환자들과 간호사들의 시선을 한 몸에 받으며 이지가 주노의 가슴에 엎드려 눈물을 펑펑 쏟았다.

"으허엉~ 어떻게 된 일이에요, 선배? 불길 속에서 화상까지 입었던 거예요? 이럴 줄 알았으면 여전히 선배를 좋아한다고 진작 고백할 걸 그랬어."

이때 누군가 대성통곡하는 이지의 어깨를 톡톡 두드렸다.

"저기, 학생……."

이지가 눈물 젖은 얼굴로 뒤를 돌아보았다. 웬 할머니 한 분이 이상하다는 듯 그녀를 내려다보고 있었다.

"할머니는 누구세요?"

"그러는 학생은 누구여?"

"예?"

"학생이 누군데 우리 영감한테 엎드려 눈물을 쏟느냐고?"

"그러니까 이분이……?"

"우리 집 영감이여."

"딸꾹!"

이지가 너무 당황하여 딸꾹질을 할 때, 뒤쪽에서 귀에 익은 목소리가 들렸다.

"어이~."

사람을 깔보는 듯한 목소리의 주인공이 누구인지 익히 알고 있는 이지는 차마 돌아서지 못한 채 한동안 주먹을 부르르 떨었다. 하지만 언제까지나 외면할 수는 없는 법. 그녀는 결국 맞은편 침대 위에 멀쩡한 모습으로 앉아 있는 하주노와 마주서게 되었다.

"……!"

이지는 잠시 부끄러움도 잊은 채 주노의 새카만 눈동자와 붉은 입술, 선명한 턱선을 음미했다. 아, 이렇게 근사한 녀석을 어떻게 사랑하지 않을 수 있을까? 불안정하게 박동하는 심장 부근을 이지가 손바닥으로 지그시 눌렀다.

주노가 그런 이지를 향해 불쑥 물었다.

"이지, 네가 나를 구했다지?"

"예? 아, 예."

"고마워."

"뭐, 뭘요."

이지는 곧 꿀 먹은 벙어리가 되어버렸다. 방금 전 붕대를 감은 할아버지를 상대로 엉뚱한 고백을 해버린 게 마음에 걸렸다.

이지가 주노를 힐끔거리며 기어들어가는 소리로 물었다.

"방금 저쪽 침대에서 내가 했던 말 혹시……?"

"당연히 들었지. 소처럼 울부짖는데 어떻게 안 들을 수가 있겠어?"

"이런 젠장……."

이지가 얄밉게 웃는 주노를 흘겨보았다. 주노의 표정이 갑자기 진지하게 변했다.

"고마워."

"뭐가요?"

"부산까지 내려가서 유찬이를 데려오고, 필립을 설득해서 3P에 복귀시킨 거 말이야."

"그야 선배와 유찬 오빠, 필립의 마음이 맞아서 가능했던 일이죠."

주노는 이지를 물끄러미 바라보다가 부드러운 어조로 말을 이었다.

"이지야, 나는 이미 알고 있었어. 네가 내게로 돌아오기 위해서 3P를 재결성하려고 한다는 사실을."

"!"

"그렇게 되면 필립이 견딜 수 없을까 봐 녀석에게 3P를 돌려주려는 거잖아."

"그건…… 그건…….."

정곡을 찔려버린 이지는 아무 말도 못 하고 입술만 떨었다. 이지의 눈에서 예고 없이 눈물이 주르륵 흘렀다.

"필립은 좋은 친구예요. 내가 힘들 때마다 필립은 늘 같은 자리에 서 있는 나무처럼 그늘을 만들어주었어요."

"이지야."

"선배 말이 맞아요. 내 마음은 이미 선배에게로 기울고 있어요. 그럴수록 필립에게 미안해서 견딜 수가 없다구요."

주노는 눈물을 뚝뚝 흘리는 이지의 얼굴로 천천히 손을 뻗었다. 그리고 이지의 볼을 적시는 눈물을 닦아주었다.

"네 마음이 편해질 때까지 절대로 초조해 하지 않고 기다리고 있을게."

"선배……."

"단, 나도 너만큼이나 필립을 걱정하고 있다는 사실을 잊지 마."

이지가 간신히 눈물을 그치고 고개를 끄덕였다. 빙그레 미소 지으며 이지의 볼을 쓰다듬던 주노가 갑자기 눈을 부릅떴다.

"왜 그래요?"

뒤를 돌아보던 이지도 흠칫 놀랐다. 필립이 바위처럼 굳은 얼굴로 서 있었기 때문이다. 필립 바로 옆에 쑥스러운 표정으로 서 있는 유찬도 보였다.

"필립, 언제부터 거기 있었어?"

떨리는 목소리로 묻는 이지를 향해 필립이 피식 웃었다.

"내가 언제부터 여기 있었는지가 중요해? 정작 중요한 건 너의 진심 아닐까?"

"필립, 일단 내 말을 들어봐."

"오늘은 너와 얘기하고 싶지 않아."

"필립……."

유찬이 흠흠 헛기침을 했다.

"병원 뒷마당에 작은 공원이 있던데, 우리 거기 가서 음료수라도 마시면서 얘기하자."

병원 뒤편에 작은 동산이 있었다. 아카시아 몇 그루가 울창하게 자라난 동산에서는 저 멀리 한강변까지 보였다. 가로등 불빛이 희미하게 비치는 벤치에 나란히 앉아 이지, 주노, 필립 그리고 유찬은 음료수를 마셨다. 딱히 할 말도 없는지라 이지는 차량들의 불빛이 꼬리를 물고 이어지는 강변을 멍하니 바라보았다.

필립이 불쑥 말했다.

"아무래도 이쯤에서 그만두는 게 좋겠어."

"뭘?"

놀라 돌아보는 이지를 향해 필립이 냉담하게 대꾸했다.

"3P로 복귀하는 거 말이야."

"……!"

이지와 주노가 눈을 부릅떴다. 이지가 확고한 목소리로 외쳤다.

"그건 절대 안 돼!"

"왜 안 되는데?"

"필립은 오래전부터 3P로 복귀하고 싶어 했잖아."

"사람의 마음이란 언제든 바뀔 수 있는 거잖아?"

"그러니까 왜 갑자기 마음이 바뀌었는데?"

필립이 주노의 얼굴을 휙 쌔려보았다.

"하주노는 여전히 자기 멋대로야. 연습은 너무 힘들고 예전처럼 신도 나지 않아. 아무래도 내가 복귀에 대한 환상을 품었던 것 같아."

늘 친절하던 필립이 너무 단호하게 말하자 이지는 그만 말문이 막혀버렸다. 그녀를 대신해서 주노가 필립을 설득했다.

"내가 만약 멋대로 굴었다면 고칠게. 연습량도 줄이고, 가끔 자유시간을 갖도록 하자."

하지만 주노의 설득은 오히려 필립의 분노에 기름을 끼얹은 것 같았다. 필립이 자리를 박차고 일어서며 고함쳤다.

"함부로 설득하려 들지 마! 나는 어린애가 아니야!"

"미안해, 필립. 모두가 내 잘못이야."

필립을 쳐다보는 이지의 눈가에 눈물이 고였다.

"네가 뭘 잘못했는데?"

"그건…… 그건…….”

"네가 누굴 좋아하든 네 자유야. 오히려 억지를 부리는 사람은 나일지도 모르지. 그런데 왜 네가 사과하지? 네가 늘 그런 식이니까

나 같은 멍청이가 착각하게 되는 거 아니냐구!"

"필립……."

이지의 볼을 타고 기어이 눈물이 주르륵 흘렀다. 아랑곳하지 않고 필립이 휙 돌아섰다.

"그만 가야겠어."

"필립, 기다려!"

이지가 필립을 쫓아 달려갔다. 급히 일어서는 주노의 팔을 유찬이 잡았다.

"둘이 해결하도록 놔두는 게 좋을 것 같다."

"으음……."

주노가 어둠 속으로 멀어지는 이지와 필립의 뒷모습을 걱정스럽게 바라보았다.

필립은 밤거리를 걸었다. 취객들이 비틀거리며 필립을 스치고 지나갔다. 텅 빈 버스는 매연을 뿜으며 도로 위를 달렸다. 하지만 필립의 눈에는 아무것도 보이지 않았다. 필립은 오로지 앞만 보며 걸었다.

숨을 헐떡이며 달려온 이지가 필립의 팔을 붙잡았다.

"필립, 이대로 가면 안 돼!"

이지를 향해 돌아서는 필립의 눈가가 촉촉했다.

"필립……."

"네가 아니라 나한테 화가 나. 나는 왜 하주노를 따라잡을 수 없는 걸까?"

"필립, 너는 좋은 아이야."

"그게 더 싫어."

"!"

"늘 친절한 얼굴로 웃고 있지만 정작 네 심장이 두근거리게 만들지는 못하잖아. 이런 내가 정말 한심해."

"그러지 마, 필립. 제발 그러지 마."

"오늘은 그만 돌아갈게."

"나랑 조금만 더 얘기하고 가자."

필립이 완강하게 고개를 흔들었다.

"그랬다간 더 바보 같은 모습을 보이게 될 것만 같아."

이지는 더 이상 필립을 잡지 못했다. 계단을 밟고 전철역으로 내려가는 필립의 등을 향해 이지가 손나팔을 만들어 외쳤다.

"필립, 기다리고 있을게! 꼭 돌아와야 해!"

이지의 바람과는 달리 그 후로 사흘 동안 필립은 연습실에 나타나지 않았다. 공연까지는 채 열흘도 남지 않았기 때문에 기획사 전체에 비상이 걸렸다. 애초 주노만의 컴백을 바랐던 송 사장은 지금이라도 주노 혼자 무대에 서기를 바라는 눈치였다.

'안 돼. 어떻게든 필립도 3P 멤버로 컴백해야 해.'

이렇게 되자 조급해진 쪽은 이지였다. 이지는 학교에서 필립을 만날 때마다 설득과 읍소를 반복했다. 그래도 필립은 요지부동이었다.

"3P로 복귀할 생각이 없다고 말했잖아."

"필립, 나를 봐서라도 제발 다시 한 번 생각해줘."

이지가 하도 끈질기게 조르자 필립은 아예 몸이 아프다며 학교에도 나오지 않았다. 학교가 끝나자마자 이지는 필립의 집으로 달려갔다.

"이지 왔구나?"

대문을 열고 나오는 제니와 애니의 표정이 예전만큼 밝지 않았다.

"필립 안에 있죠? 필립 좀 만나게 해주세요."

예전 같으면 얼른 들어오라며 반겼을 제니와 애니는 어쩐 일인지 머뭇거렸다.

"안에 있긴 있는데……."

"네가 와도 절대 들여보내지 말라고 해서……."

이지가 절박한 표정으로 부탁했다.

"잠깐만 들어가서 만나보면 안 될까요?"

"그게 쉽지가 않아."

"아빠와 엄마가 이혼했을 때 이후로, 저토록 심각한 필립의 모습은 본 적이 없거든."

한동안 멍청히 제니와 애니의 얼굴을 바라보던 이지가 어깨를 축 늘어뜨린 채 돌아섰다.

한여름 오후의 햇빛을 받으며 이지는 압구정으로 향했다. 연습실 문을 열고 들어가자 주노와 유찬이 백댄서들과 춤을 추고 있는 게 보였다. 주노의 춤은 언제나처럼 현란했고, 유찬도 열심히 연습한 만큼 많이 자연스러워진 상태였다.

이지는 넋이 나간 사람처럼 멍하니 서서 두 사람의 춤을 무감동하게 바라보았다. 마침내 음악이 그치고, 주노와 유찬의 춤도 멈추었다. 이지는 박수를 칠 생각조차 못하고 있었다.

주노가 유찬과 함께 다가오며 물었다.

"필립은 오늘도야?"

이지가 한숨 섞인 음성으로 답했다.

"아예 만나주지를 않아요."

"이 녀석, 마음을 단단히 먹은 모양이네."

유찬이 답답한 표정을 지었다. 주노도 곤혹스런 듯 턱을 매만졌다.

"보통 문제가 아니로군. 송 사장은 이대로 가면 공연을 망칠 게 뻔하다며 펄펄 뛰고 있어."

이지는 아무 말도 못하고 고개를 푹 떨구었다. 발끝만 내려다보는 이지를 지켜보던 주노가 유찬을 향해 눈짓을 했다.

"얘들아, 우리 나가서 음료수나 한 잔씩 마시자."

유찬이 재빨리 백댄서들을 데리고 연습실 밖으로 나갔다. 그래도 이지는 고개를 들지 않았다.

"기운을 내. 결국에는 모든 일이 잘 풀릴 거야."

이지의 어깨를 살며시 잡으며 주노가 위로했다. 그리고 이지는 번쩍 고개를 쳐들었다.

"선배, 우린 아무래도 안 될 것 같아요!"

"그게 무슨 소리야?"

"필립이 이렇게까지 힘들어 할 줄은 몰랐어요. 우리 두 사람, 그 아이한테 너무 잔인한 짓을 하고 있는 것 같아요."

"이지야, 일단 진정해. 우리 차분하게 생각해보자, 응?"

주노가 이지를 달래고 있을 때, 송 사장이 연습실 문을 밀고 들어왔다.

"주노야, 우리 얘기 좀 하자."

"나중에 하면 안 될까요?"

"미안하지만 지금 당장 해야만 해."

"무슨 얘기인데 그러세요?"

"아무래도 이번 공연은 네 단독으로 가야할 것 같다."

"그 얘기는 더 이상 안 하기로 했잖아요."

주노가 짜증스러운 반응을 보였다. 이미 몇 번이고 했던 얘기인데 또 같은 얘기를 하는 게 지겨웠다.

"필립이 며칠째 연습에 참여조차 하지 않고 있어. 연습은 그렇다 쳐도 공연 당일 날 무대에 설 수 있을지도 모르는 상태잖니? 이미 수만 장의 티켓을 팔았는데, 공연을 펑크 내면 어떡할래?"

이지가 재빨리 끼어들었다.

"필립은 공연에 꼭 참가할 거예요."

"너는 빠져 있어."

가뜩이나 이지를 탐탁지 않게 여기던 송 사장이 눈을 치켜떴다. 주

노가 그런 송 사장을 향해 단호하게 말했다.

"이지는 제 여친이에요. 당장 사과하세요."

"끄응~"

간신히 화를 억누른 송 사장이 정색하며 말했다.

"내 말 잘 들어라, 주노야. 이번 공연이 잘못되면 아마 넌 영원히 컴백이란 걸 할 수 없게 될 거다. 내 말 무슨 뜻인지 알겠지?"

주노와 송 사장이 기 싸움을 벌이듯 서로의 얼굴을 뚫어져라 쏘아보았다. 두 사람을 번갈아 쳐다보며 이지가 울먹였다.

"아무래도 내가 괜한 일을 벌였나 봐요."

"이지 너는 잘못 없어. 그리고 이 공연은 반드시 성공할 거야."

주노는 송 사장에게 시선을 고정시킨 채 확고한 목소리로 말했다.

"선배……."

송 사장이 주노와 이지를 번갈아 째려보며 내뱉었다.

"공연 실패에 대한 책임은 전적으로 주노 네가 져야 할 거다."

"걱정 마세요."

찬바람을 일으키며 연습실을 빠져나가는 송 사장을 이지가 절망적으로 쳐다보았다.

"어떡하면 좋아요, 선배?"

"필립 이 고집불통 같으니!"

주노가 주먹으로 벽을 후려쳤다. 이를 악문 주노의 얼굴을 이지가 불안하게 쳐다보았다.

초조함 속에서도 시간은 흘러갔다. 그리고 마침내 공연 전날이 되었다. 그때까지도 필립은 모습을 드러내지 않았다. 필립을 만나려고 오후 내 싸돌아다니던 이지가 아무 성과 없이 집으로 돌아왔다.

"이지야, 저녁 먹어야지?"

"생각 없어요."

엄마의 목소리를 귓등으로 흘린 이지는 침대 위에 걸터앉아 「세기의 로맨스」를 펼쳤다. 책은 어느새 마지막 장으로 접어들었다. 마지막 로맨스의 주인공은 미국의 유명 영화배우 그레이스 켈리와 모나코의 국왕 레니에 3세였다. 1956년에 결혼한 두 사람의 사랑은 그야말로 세기의 로맨스였다고 한다. 하지만 책장 몇 장을 넘기다가 이지는 실망스런 표정을 지었다.

"모나코의 젊은 국왕과 미국 최고 여배우의 만남이라…… 그야말로 환상의 조합이군."

이지는 아무 어려움 없이 최고의 행복을 얻은 두 사람과 뭐 하나 제대로 되는 것 없이 힘들기만 한 자신을 비교하며 괴리감을 느꼈다. 이지는 책을 침대 머리맡에 던져두고 누워버렸다.

"미안하지만 이런 식의 사랑은 현실에는 존재하지 않아."

내일 필립이 공연장에 나타날지 안 나타날지 고민하느라 이지는 머리맡의 책에서 희미한 빛이 어른거리는 것을 미처 발견하지 못했다.

2
세기의 여배우 그레이스 켈리

　주노의 컴백 콘서트장인 잠실 체조경기장은 수많은 소녀 팬들로 꽉 들어찼다. 팬들은 3P를 잊지 않았다. 아니, 하주노의 복귀를 애타게 기다리고 있었다.
　대기실에서 함성 소리를 들으며 이지는 거의 패닉에 빠졌다. 공연을 코앞에 둔 상태인데도 필립이 끝내 모습을 드러내지 않았기 때문이다. 이지가 「세기의 로맨스」를 양팔로 꼭 끌어안으며 중얼거렸다.
　"필립, 제발……!"
　이지는 그동안 자신에게 행운을 선사했던 책을 혹시나 해서 들고 온 것이다. 하지만 이번만은 책도 능력을 발휘하지 못하는 것 같았다. 이지가 고개를 돌려 메이크업을 받고 있는 주노와 유찬을 보았다. 두 사람의 표정도 딱딱하게 굳어 있었다. 대기실 안을 초조하게 서성이며 분위기를 더욱 어둡게 만들고 있는 송 사장의 모습도 보였다.

"이제 와서 주노의 단독 공연이라고 할 수도 없고…… 미치겠군."

이지가 주노의 곁으로 다가가 나직이 속삭였다.

"선배, 어떡하면 좋아요?"

주노가 거울을 통해 이지를 보며 애써 미소 지었다.

"나와 유찬이가 어떻게든 해볼 테니까 너무 걱정하지 마."

"하지만 이건 3P 전체의 공연이잖아요."

"일단 공연부터 시작하고, 도중에 팬들에게 양해를 구해보자."

송 사장이 신경질적으로 소리쳤다.

"세 명이 나온다고 광고했는데, 그런 변명이 통할 것 같아?"

주노도 더 이상 할 말이 없는 듯 입을 다물었다. 주노의 절망적인 얼굴을 바라보던 이지가 휙 돌아섰다.

"곧 공연 시작인데 어딜 가니?"

주노가 불렀지만 이지는 돌아보지 않고 대기실을 빠져나갔다.

"지금이라도 달려가서 필립을 데려와야 해!"

이지는 정신없이 계단을 달려 내려왔다. 하지만 너무 서둘렀던 탓일까? 그만 발이 꼬여버리고 말았다.

"꺄악!"

이지가 비명을 지르며 앞쪽으로 붕 날아갔다. 이대로 추락한다면 최소 어느 한 곳은 부러질 것 같았다. 그때 옆구리에 끼고 있던 책에서 눈부신 빛이 새어 나오기 시작했다. 강한 빛이 계단 아래로 떨어지는 이지의 몸을 완전히 감쌌다.

　스파앗.

　빛이 폭발하듯 사방으로 번지는 순간, 이지의 모습이 홀연히 사라져버렸다.

　이지는 땅바닥에 엎드린 채 숨을 죽이고 있었다. 그녀는 자신이 계단 아래로 떨어졌다고 확신했다. 그래서 제일 먼저 어디 부러진 곳은 없는지 팔과 다리를 살짝 움직여 보았다. 다행히 통증은 느껴지지 않았다. 누군가의 굵직한 목소리가 들려온 것은 그때였다.

　"이봐, 대체 언제까지 엎드려 있을 거야?"

　이지가 벌떡 몸을 일으켰다. 그리고 자신이 콘서트장의 계단 아래가 아니라 으리으리한 대저택의 식당에 있음을 알게 되었다. 그녀 앞에는 양식 성찬이 차려진 기다란 식탁이 놓여 있었다. 1950년대 쯤 미국 상류층의 복식을 한 백인 남녀들이 자리에 앉아 있었고, 에이프런 차림의 흑인 메이드들이 식탁 주위를 돌며 시중을 들고 있었다.

　"이건 또 뭐지?"

　자신도 흑인 메이드들처럼 에이프런 복장이란 사실을 깨닫고 이지가 울상을 지었다. 아무래도 다시 과거로 떨어진 것이 분명했다.

　"어떻게 현재에서나 과거에서나 메이드에서 벗어나질 못하냐?"

　깊은 한숨을 내쉬는 이지를 향해 코끼리처럼 뚱뚱한 흑인 아줌마가 으르렁거렸다.

"이봐, 대체 왜 그래? 파티를 망칠 생각이야?"

"무언가 망칠 생각은 없지만……."

이지가 마지막으로 확인하기 위해 대리석 바닥을 둘러보았다. 그녀는 곧 멀지 않은 곳에 떨어져 있는 양장본 책을 발견했다. 그것을 주워 펼친 이지가 재빨리 마지막 장을 확인했다.

"역시……."

예상했던 대로 그레이스 켈리와 레니에 3세에 대한 부분이 깨끗이 지워져 있었다.

"역시 과거로 떨어진 게 확실하군."

책장을 탁 덮으며 이지가 한숨 섞인 음성으로 중얼거렸다.

"커―트!"

성난 고함소리가 들려온 것은 그때였다. 동시에 식탁에 앉아 기품 있게 식사하던 남자들과 여자들이 포크와 냅킨 등을 던지며 욕지기를 내뱉었다.

"이런 젠장!"

"또 커트야?"

"저 동양인 메이드 때문이잖아."

주방 안에 있는 모든 사람들의 시선이 일제히 이지에게로 쏠렸다. 무슨 일이 벌어지고 있는지 몰라 이지는 어리둥절해졌다. 다행히 그녀의 의문은 오래가지 않았다. 이지가 벽이라고 생각했던 사방의 커

틈이 젖혀지며 세 대의 구형 영화 촬영용 카메라와 스태프들의 모습이 드러났기 때문이다. 밤색 베레모를 눌러쓰고, 파이프 담배를 문 채 오만상을 찌푸리고 있는 아저씨가 아무래도 영화감독인 것 같았다.

"어이, 너! 이름이 뭐라고 했지?"

"이, 이지라고 하는데요."

감독이 분통을 터뜨렸다.

"너 대체 어느 사무실에서 왔어?"

"무슨 말씀인지 잘 모르겠는데요?"

"어느 사무실에서 보낸 엑스트라냐고?"

"저는 무슨 말인지 잘……?"

감독이 더 이상 참지 못하고 버럭 고함쳤다.

"너, 당장 나가! 너 해고야!"

이지는 거품이라도 물 것 같은 감독의 얼굴과 자신을 한심하다는 듯 쳐다보고 있는 사람들을 둘러보았다. 이지가 생각하기에 이곳은 1950년대 쯤 미국 어딘가의 영화 촬영장 같았다. 하지만 자신이 왜 이런 곳으로 떨어졌고, 또 어떤 상황에 처해 있는지 알 수 없었으므로 난감하기만 했다.

이때 식탁 한가운데 앉아 있던 아가씨가 몸을 일으켰다.

"그만하세요, 감독님. 아직 어린애잖아요."

이지가 자신을 변호해주는 아가씨를 쳐다보았다. 가슴 부분이 깊게 파인 섹시하고 고급스런 드레스 차림의 아가씨는 눈이 번쩍 뜨일

정도의 미녀였다. 우아하게 웨이브 진 금발을 지닌 그녀는 아름다울 뿐만 아니라 기품이 넘쳐흘렀다.

이지가 그녀를 향해 최대한 불쌍한 표정을 지었다.

"정말 고맙습니다. 오늘 처음이라 모든 게 서툴거든요."

아가씨가 이지의 등을 두드려주었다.

"괜찮아. 사람은 누구나 실수를 할 수 있는 법이란다. 그런데 이름이 이지라고?"

"예."

"반가워. 나는 그레이스 켈리라고 해."

"그, 그레이스 켈리라고요?"

이지의 눈이 휘둥그레졌다. 마침내 「세기의 로맨스」 마지막 장에 등장하는 주인공을 만난 것이다.

자신을 뚫어져라 쳐다보는 이지가 이상한 듯 그레이스는 고개를 갸웃했다.

"내 얼굴에 뭐라도 묻었니?"

이지가 멍한 얼굴로 답했다.

"아뇨, 너무 아름다워서 눈을 뗄 수가 없는 거예요."

"뭐라고?"

그레이스가 황당한 표정을 짓는 순간, 촬영장 곳곳에서 웃음이 터져 나왔다.

"하하! 제법 솔직한 녀석이군."

"그레이스, 그 아이한테 밥이라도 한번 사야겠어?"

그레이스가 사람들을 향해 짐짓 눈을 부라렸다.

"농담하지 말아요. 이지가 부끄러워하잖아요."

이때 근사한 턱시도 차림의 중년 신사와 반항기가 물씬 풍기는 청년이 다가왔다.

"여여~ 그레이스. 새 친구를 사귄 거야?"

"이 아이도 당신만큼이나 귀여운걸."

그레이스가 싱긋 웃으며 이지에게 중년 남자와 청년을 차례로 소개했다.

"이쪽은 이번 영화 '상류사회'에서 나와 함께 출연하는 프랭크 시나트라 씨와 빙 크로스비 씨야."

"누구와 누구라고요……?"

이지는 다시 한 번 입을 쩍 벌릴 수밖에 없었다. 매력적인 미소를 머금은 프랭크 시나트라와 반항적인 눈빛의 빙 크로스비는 엄마가 끔찍이도 좋아하는, 1950년대 미국을 대표하는 최고의 가수들이었기 때문이다. 그레이스 켈리와 프랭크 시나트라, 빙 크로스비의 얼굴을 차례로 뜯어보며 이지가 마음속으로 중얼거렸다.

'이런 곳은 내가 아니라 우리 엄마가 왔어야 하는 건데…….'

이지가 마지막으로 확인하는 기분으로 그레이스 켈리를 향해 물었다.

"저기…… 실례지만 이곳이 몇 년도의 어디인지 물어봐도 될까요?"

그레이스는 당연하다는 듯 어깨를 으쓱했다.

"1956년의 미국 로스앤젤레스잖니. 왜 그런 뻔한 걸 물어보지?"

빙 크로스비가 히죽 웃었다.

"아까 넘어질 때 머리라도 다친 모양이지."

"이봐, 크로스비. 어린애를 놀리면 못써요."

뭐가 그리 좋은지 혼자 키득거리는 빙 크로스비를 프랭크 시나트라가 점잖게 꾸짖었다.

"쳇. 또 영감님의 잔소리가 시작됐군."

"영감님이라고 부르지 말랬지."

"영감님을 영감님이라고 부르지 그럼 뭐라고 불러요?"

"이 녀석이 정말!"

분통을 터뜨리려는 시나트라를 그레이스가 말렸다.

"당신이 참아요. 내가 보기엔 웬만한 애송이보다 당신이 몇 배는 더 멋지니까."

"정말?"

그레이스의 칭찬 한 마디에 표정이 환해지는 시나트라를 보며 이지는 이 촬영장을 휘어잡고 있는 주인공이 바로 그녀임을 알아차렸다. 이지가 그레이스의 팔짱을 끼며 애교를 떨었다.

"언니, 우리 앞으로 친하게 지내요."

"그, 그래."

이때 까칠한 인상의 감독이 다가왔다.

"내일부턴 이 아이를 쓰지 않았으면 좋겠는데?"

"실수 한번 한 걸 가지고 너무하세요."

항의하는 이지를 향해 감독이 눈을 부라렸다.

"너 때문에 촬영 스케줄이 엉망진창이 됐단 말이다."

그레이스가 씩씩대는 감독을 가리키며 빙그레 미소 지었다.

"이지야, 인사하렴. 이쪽은 우리 영화의 호랑이 감독님 찰스 월터스 씨야."

"안녕하세요."

"인사는 됐으니까 당장 사라져다오."

"언니, 저 어떡하면 좋아요?"

이지가 울상을 짓자 그레이스가 월터스 감독을 향해 사정했다.

"감독님, 그러지 말고 이지한테 한 번만 더 기회를 줘 봐요."

시나트라와 크로스비까지 거들고 나섰다.

"월터스, 너무 심한 거 아니야?"

"사람이 그렇게 모질면 못쓴다고요."

세 배우의 협공을 받은 월터스 감독은 결국 손을 들고 말았다.

"알았어, 알았다고. 오늘 촬영은 여기서 마칠 테니 내일은 세 사람 다 늦지 말도록 해."

"옛썰~!"

월터스 감독을 향해 장난스럽게 경례를 붙이는 그레이스를 이지가 흐뭇하게 지켜보았다. 장담하건대, 지금껏 만난 과거의 인물들 중 가장 유쾌한 아가씨 같았다.

잠시 후, 그레이스와 이지는 촬영장 밖으로 나왔다. 밖은 한여름의 햇살이 쨍했다. 밝은 햇빛 아래 널찍한 도로가 길게 뻗어 있고, 그 양옆으로 예쁘게 단장된 주택들과 상가들이 늘어서 있었다. 도로 끝 거대한 암벽의 상단부에 'HOLLYWOOD'라는 흰 글자가 붙어 있었다.

"맙소사…… 여기가 할리우드였어요?"

입을 쩍 벌리는 이지를 돌아보며 그레이스가 당연하다는 듯 고개를 끄덕였다.

"그럼 뉴욕이나 워싱턴쯤 되는 줄 알았니?"

"그건 아니지만……."

"이지야, 그럼 내일 보자. 월터스 감독이 널 눈여겨 보고 있으니 절대 지각하지 말고."

그레이스는 멀뚱히 서 있는 이지를 뒤로하고 돌아섰다. 우두커니 서서 햇빛 속으로 멀어지는 그녀의 뒷모습을 바라보던 이지가 쪼르르 쫓아갔다. 그레이스가 걸음을 멈추고 이지를 돌아보았다.

"왜 나를 쫓아오지?"

"실은 갈 곳이 없어요."

황당하다는 표정으로 이지를 보던 그레이스가 고개를 끄덕였다.

"흐음, 너도 무작정 할리우드로 달려온 아이구나?"

"그게 무슨 말이에요?"

"할리우드 영화가 큰 인기를 끌면서 미국 각지에서 배우를 꿈꾸는 젊은이들이 몰려들고 있어. 그런 아이들 대부분은 거리에서 노숙하

며 엑스트라 아르바이트로 배우의 꿈을 키우고 있지. 너도 그런 아이들 중 하나인 거지?"

　실은 나는 지금으로부터 육십 년쯤 후의 미래에서 왔거든요. 이지는 그레이스에게 자신의 처지에 대해 솔직하게 털어놓고 싶었다. 물론 그랬다간 정신병자 취급을 당할 게 뻔했지만. 잠시 고민하던 이지는 결국 그레이스를 향해 엄지손가락을 치켜세울 수밖에 없었다.

　"언니의 추리력은 정말 대단해요. 실은 나 영화배우가 되고 싶어서 무작정 시골집을 뛰쳐나왔어요."

　"그럴 줄 알았다니까. 그런데 이지는 몇 살?"

　"열네 살인데요."

　"너처럼 어린아이가 허락도 없이 집을 나왔으니 부모님이 얼마나 걱정하시겠니? 어서 집으로 돌아가렴."

　"아아…… 그러니까 그게…..."

　우물쭈물하던 이지가 억지로 슬픈 생각을 떠올리며 눈물을 글썽였다.

　"흐흑~"

　"너 우는 거니? 집으로 가라는 말이 그렇게 섭섭했어?"

　"집으로 가면 뭐해요? 너무 가난해서 밥을 먹는 날보다 굶는 날이 많은걸."

　"저런!"

　측은한 표정을 짓는 그레이스를 향해 이지가 더욱 불쌍한 척을 했다.

　"게다가 주정꾼 아빠는 술만 마셨다하면 나를 막 때린다고요."

그레이스가 이지를 와락 안으며 울먹이는 소리로 말했다.
"사정도 모르면서 무작정 지옥 같은 집으로 돌아가라고 해서 미안해."
"저기 언니, 당분간만 언니와 함께 지내면 안 될까요?"
"흐음……."
골똘히 생각에 잠겨 있던 그레이스가 결국 고개를 끄덕였다.
"좋아, 당분간 함께 지내자."
"꺄악~ 고마워요, 언니!"
이번엔 이지가 그레이스의 목을 와락 끌어안았다.

그레이스 켈리는 촬영장인 유니버설 스튜디오에서 도보로 십 분쯤 떨어진 멜로즈 거리의 렉싱턴 호텔에서 묵고 있었다. 그레이스가 이지와 함께 호텔 앞에 도착하자 벨보이가 반갑게 인사를 건넸다.
"어서 오세요, 켈리 양. 오늘은 촬영이 일찍 끝나셨네요?"
"월터스 감독님이 평소보다 심술을 덜 부렸거든요."
"그것 참 다행이군요."
친절하게 미소 지으며 벨보이가 이지에게로 시선을 옮겼다.
"그런데 이 귀여운 아가씨는 누구신지……?"
후훗, 미국에서는 통하는 얼굴인가? 도도하게 턱을 치켜드는 이지를 가리키며 그레이스가 말했다.
"촬영 중인 영화에 엑스트라로 출연 중인 이지라는 아이예요. 오늘부터 나와 함께 지낼 테니 친절하게 대해주세요."

"잘 알아서 모시겠습니다."

정중히 허리를 숙이는 벨보이를 스쳐 그레이스와 이지가 호텔 안으로 들어갔다. 고급스런 대리석이 깔린 로비로 들어서자마자 호텔 특유의 기분 좋은 냄새가 풍겨왔다. 점잖게 차려 입은 신사들이 로비를 가로지르는 그레이스에게 앞다퉈 인사를 건넸다.

"안녕하세요, 켈리 양?"

"켈리 양, 좋은 오후입니다."

새삼 그레이스가 모든 사람들의 시선을 한 몸에 받는 톱스타임을 느끼며 이지도 덩달아 우쭐해졌다. 대여섯 명의 기자들이 카메라를 들고 우르르 몰려든 것은 그때였다.

"켈리 양, 이쪽을 봐주세요!"

"포즈를 부탁드립니다!"

펑, 펑, 펑.

기자들이 구형 카메라의 플래시를 터뜨릴 때마다 하얀 연기가 치솟았다. 기자들이 경쟁적으로 달려들고 있었기 때문에 그레이스는 위협을 느끼고 주춤 물러섰다. 결국 기자들은 저희들끼리 뒤엉키며 그레이스 쪽으로 쓰러졌다.

"아앗!"

그레이스가 기자들에게 깔리기 직전, 이지가 반사적으로 뛰어들었다.

"꺄악! 이지야, 괜찮니? 빨리 비켜요!"

그레이스가 비명을 지르며 이지를 깔아뭉개고 있는 기자들을 밀

쳐냈다. 볼썽사납게 로비 바닥에 엎어져 있던 이지를 그녀가 재빨리 일으켰다.

"어디 다친 데는 없어?"

"나, 난 괜찮아요."

"정말 고마워. 너 아니었으면 큰일 날 뻔했어."

"헤헤, 쑥스러우니까 그만해요."

"일단 객실로 가서 옷부터 갈아입자."

손을 잡은 채 나란히 계단을 올라가는 두 사람은 자매처럼 다정해 보였다.

"와우~"

그레이스를 따라 객실 안으로 들어온 이지의 입에서 감탄사가 새어 나왔다. 스위트룸으로 보이는 객실은 넓고 청결했다. 사방에 뚫린 창을 통해 상쾌한 바람이 불어올 때마다 흰색 커튼이 흔들렸다. 침실이 두 개, 욕실도 두 개였다. 거실에는 고급스런 가죽 소파와 대리석 테이블이 놓여 있었다.

이지가 황홀한 표정으로 창가를 향해 다가갔다.

"이런 호텔에서 꼭 한번 묵어보고 싶었어요."

창가에 서니 거리를 오가는 사람들과 차량들이 개미처럼 보였다. 그레이스가 거실 한쪽 붙박이장을 열고 옷을 몇 벌 꺼냈다.

"일단 이걸 좀 입어볼래?"

이지는 그레이스가 권하는 대로 다리에 꼭 맞는 블루진에 헐렁한 린넨 셔츠를 입었다. 그레이스도 이지와 비슷하게 차려입었다. 그 상태로 거울 앞에 나란히 서니 진짜 자매처럼 보였다.

"어때, 마음에 들어?"

"예, 정말 좋아요."

"그럼 슬슬 내려가 볼까?"

"어디를 가려고요?"

"곧 저녁 시간이야. 이 호텔 뷔페는 제법 맛있거든."

"나, 호텔 뷔페 진짜 좋아하는데."

엄지손가락을 세우는 이지의 입에는 이미 침이 한 가득이었다.

"음음…… 이 스테이크 진짜 맛있어요. 이 폭립도 입에 착착 달라붙고요."

양손에 포크와 나이프를 들고 접시에 산더미처럼 쌓인 음식을 폭풍처럼 흡입하는 이지를 맞은편에 앉은 그레이스가 질린 듯 바라보았다. 뷔페 안에서 품위 있게 식사 중이던 다른 손님들도 눈을 동그랗게 뜨고 이지를 보았다. 사람의 힘으로는 도저히 다 먹을 수 없을 것 같던 접시를 깨끗이 비운 후, 이지가 풍선처럼 부푼 배를 쓰다듬으며 길게 트림했다.

"꺼윽~"

그레이스가 참지 못하고 웃음을 터뜨렸다.

"깔깔깔!"

"왜, 왜요? 내가 그렇게 웃기게 먹었어요?"

"아니야, 아니야. 나는 이지의 이런 솔직한 모습이 너무 좋아."

이때 뷔페 안에 잔잔한 음악이 깔리기 시작했다. 언제 등장했는지 흑인 밴드가 피아노와 트럼펫만으로 재즈를 연주하고 있었다. 감미로운 선율에 이지가 두 손을 모아 쥐었다.

"재즈 연주를 직접 듣는 건 처음이지만 너무 근사한 것 같아요."

"내가 좀 더 근사한 걸 보여줄까?"

그레이스가 장난스럽게 웃으며 일어섰다. 밴드 앞으로 걸어 나가는 그녀를 이지는 물론 손님들도 흥미진진하게 지켜보았다. 감미롭던 음악이 갑자기 빠르고 경쾌하게 바뀌었다. 그레이스는 신 나는 음악에 맞춰 춤을 추기 시작했다. 동시에 식당 여기저기서 환호성이 터져 나왔다. 아카데미 여우주연상을 받은 배우의 춤을 구경할 기회란 결코 흔치 않기 때문이다.

연주가 끝나는 것과 동시에 그레이스의 춤도 끝이 났다. 그레이스가 밴드와 함께 허리 숙여 인사하자 식당 안은 열렬한 박수 소리와 환호성으로 가득 찼다.

"브라보!"

"원더풀, 그레이스 켈리!"

그레이스가 이지에게 돌아와 숨을 헐떡이며 물었다.

"나, 어땠어?"

이지는 당연히 최고였다고 대답해주려고 했다. 그런데 뒤쪽에서 들려온 중저음의 목소리가 조금 더 빨랐다.

"당신은 늘 최고로 아름답소."

이지와 그레이스가 동시에 소리 나는 쪽을 돌아보았다. 윤기 흐르는 풍성한 머리카락을 가진, 깊은 눈매 속의 검은 눈동자가 신중하게 빛나는 남자가 거기에 있었다. 이십대 후반쯤 되었을까? 헐렁한 면바지에 고급스런 실크 셔츠를 입은 남자는 한눈에 굉장한 부자로 보였다. 아니, 단순히 부자라고 하기에는 중세 유럽의 귀족처럼 기품이 넘쳐흘렀다. 왼쪽 손목에 차고 있는 묵직한 순금시계가 남자의 품위를 더해주었다.

"아……."

남자를 바라보는 이지의 입에서 짧은 신음이 새어나왔다. 시크한 분위기가 물씬 풍기는 남자가 하주노와 쏙 빼닮아 있었기 때문이다. 주노를 떠올리는 것만으로도 심장이 두근거려 이지는 깊게 심호흡을 했다.

"……!"

입가에 늘 미소가 감돌던 그레이스도 표정을 굳힌 채 남자의 얼굴을 뚫어져라 응시했다.

이지가 나직이 물었다.

"아는 남자예요?"

"레니에 루이 앙리 막상스 베르트랑 드 가리말디 씨야."

"으엑? 무슨 이름이 그렇게 길어요?"

"그냥 간단하게 소개하자면 레니에 3세가 되겠구나."

"레니에 3세? 그럼 모나코의 국왕이란 말이에요?"

"맞아."

이지가 생각에 잠긴 얼굴로 천천히 고개를 끄덕였다.

'드디어 세기의 로맨스의 남녀 주인공을 모두 만나게 되는군.'

이때 레니에가 나란히 서 있는 이지와 그레이스를 향해 걸어왔다. 그가 두 여자 앞에 서서 시원하게 미소 지었다.

"안녕, 그레이스?"

"……."

"굉장히 친해 보이던데, 옆의 아가씨는 누구인지 물어도 되겠소?"

그레이스가 마지못해 이지를 소개했다.

"이쪽은 동생 같은 친구 이지예요. 저쪽은 방금 말했던 레니에 3세 전하."

"안녕하세요?"

고개를 꾸벅 숙여 인사한 후 이지가 당돌하게 물었다.

"그런데 모나코의 국왕께서 머나먼 미국까진 어쩐 일이세요?"

"나는……"

열정적인 눈으로 그레이스를 보며 레니에는 확신에 찬 어조로 말했다.

"사랑을 찾아 대서양을 건너왔단다."

"아……."

낮게 깔리는 그의 목소리가 이지의 마음을 흔들었다. 미국 최고의 여배우와 모나코의 젊은 국왕은 환상의 커플처럼 보였다. 자신과는 동떨어진 일이라며 두 사람의 로맨스를 탐탁치 않게 여겼던 생각은 어느새 깨끗이 사라진 후였다. 하지만 이지의 마음과는 달리 레니에를 바라보는 그레이스의 눈빛은 차갑기만 했다.

대체 왜 떫은 감을 씹은 표정이지? 이지가 의아해 하고 있을 때 레니에가 갑자기 무릎을 꿇었다. 그리고 품속에서 작은 보석함을 꺼내 들었다. 그가 무엇을 하려는지 눈치 챈 손님들이 숙덕거렸다.

"프러포즈를 하려나 봐요."

"어쩜~ 로맨틱해라."

레니에가 함을 열자 무려 12캐럿짜리 다이아몬드가 박힌 아름다운 반지가 나타났다. 크고 정교하게 세공된 다이아몬드에서 반사된 영롱한 빛에 이지는 눈이 부실 지경이었다. 영원을 맹세하는 보석을 내민 채 레니에가 그레이스의 얼굴을 우러러보았다.

"그레이스 켈리, 당신의 눈동자는 지중해보다 푸르고 당신의 입술은 보르도의 와인보다 붉구려. 허락한다면 그대를 평생 여신처럼 받들며 살아가고 싶소."

"아……!"

이지의 입에서 절로 감탄사가 새어나왔다. 식당 안의 모든 여자 손님들의 입에서도 비슷한 소리가 나왔다. 맹세컨대, 이지는 어떤 영화에서도 이처럼 완벽한 프러포즈를 본 적이 없었다. 이지는 당연히 그레이스도 기쁜 마음으로 받아들이리라 믿었다. 이렇게 멋진 프러포즈를 세상의 어떤 여자가 거절할 수 있겠는가.

"미안해요, 레니에. 나는 이 청혼을 받아들일 수 없어요."

그래서 그녀의 싸늘한 목소리를 들었을 때 이지는 큰 충격을 받았다. 이지가 눈을 크게 뜨고 냉담한 그레이스의 얼굴과 실망으로 굳어진 레니에의 얼굴을 번갈아 쳐다보았다. 비탄에 잠긴 그의 얼굴은 보는 사람으로 하여금 절로 가슴이 저리게 만들었다. 식당 안의 손님들도 동정 어린 눈빛으로 여전히 무릎을 꿇고 있는 그를 바라보았다.

"어쩜, 가엾기도 해라."

"지난 한 달간 그토록 정성을 쏟았건만."

레니에가 한참만에야 무릎을 세웠다. 그레이스 앞에 서서 그녀의 차가운 눈동자를 들여다보고 있던 레니에가 씁쓸히 미소 지었.

"당신의 마음은 잘 알았소. 하지만 나는 포기하지 않을 거요. 왜냐하면 내 운명의 여신은 오직 그레이스 켈리 당신뿐이니까."

"……."

끝내 아무 대답도 하지 않는 그레이스를 뒤로하고 레니에가 천천히 돌아섰다. 동정적인 시선을 보내는 손님들을 스쳐 식당을 빠져나가는 그의 어깨가 축 처져 있었다. 그가 사라지자마자 이지가 그레이스를 향해 휙 돌아섰다.

"언니, 대체 왜……?"

"이지, 그만. 레니에에 대한 얘기는 더 이상 하고 싶지 않아."

"그레이스 언니……."

저녁 시간 내내 그레이스는 창가 쪽 안락의자에 앉아 대본 연습을 했다. 하지만 이지는 그녀가 집중하지 못하고 있음을 알았다. 그레이스는 때때로 눈을 들어 황혼에 물든 여름 하늘을 바라보곤 했다. 쓸쓸한 눈빛에서 이지는 레니에에 대한 그녀의 진심을 알 것 같았다. 이지가 궁금한 것은 오직 한 가지였다.

'그를 사랑함에도 불구하고 왜 청혼을 뿌리칠 수밖에 없었던 것일까?'

이지의 궁금증은 다른 누구도 아닌 그레이스 켈리 자신에 의해 머지않아 풀렸다. 그레이스가 창밖에 시선을 고정시킨 채 나직이 입을 열었던 것이다.

"이지, 너는 내가 왜 그의 청혼을 거절했는지 궁금하겠지?"

"예? 아, 예."

"그는 모나코의 국왕이야. 그리고 그는 어쩌면……."

잠시 말을 끊은 그녀의 미간이 고통으로 일그러지는 것을 이지는 말없이 지켜보았다. 짧은 침묵이 흐른 후 그레이스가 한숨 섞인 음성으로 말했다.

"그는 어쩌면 내가 아니라 조국인 모나코를 위해서 청혼한 것인지도 몰라."

"그게 무슨 말이에요?"

놀라 눈을 부릅뜨는 이지를 그녀가 스윽 돌아보았다.

"프랑스와 맞닿아 있는 지중해의 소국 모나코는 현재 굉장히 어려운 형편이야. 공식적으로는 레니에 3세가 모나코 대공으로서 나라를 통치하고 있지만, 국방은 프랑스에 위임하고 있지. 1918년에는 더 이상 모나코 공위를 계승할 후계자가 없을 시에는 마지막 대공이 죽고 나서 나라 전체가 프랑스에 합병된다는 조약까지 체결되었어. 1949년에 레니에가 모나코 대공으로 등극했지만 모나코 행정부의 핵심인 다섯 명의 행정위원회를 이끄는 국무장관은 지금도 프랑스인이 임명되고 있지. 프랑스는 이런 강력한 영향력을 이용해서 모나코 곳곳에 카지노를 세우고 그 수입을 독차지하고 있어."

"와, 이건 뭐 식민지가 따로 없군요."

"맞는 말이야."

"그런데 그게 레니에의 청혼과 무슨 상관이죠?"

"나는 5년 전에 데뷔했어. 이후 좋은 영화에 연이어 캐스팅됐고, '갈채'로 아카데미 여우주연상까지 수상했지. 그리고 내 입으로 말하긴 뭐하지만, 난 지금 세계에서 가장 유명한 여배우야."

"어쩜~ 멋져요."

손을 맞잡는 이지를 향해 그레이스가 힘없이 미소 지었다.

"레니에는 바로 나의 이런 유명세를 이용해서 프랑스로부터 모나코를 지키려는 게 아닐까?"

"그게 무슨……?"

"나와 레니에가 결혼한다면 세기의 로맨스로 세계인의 이목을 끌게 될 거야. 또한 2차대전을 거치면서 초강대국으로 떠오른 미국인들의 호의를 얻을 수 있겠지. 레니에는 그런 관심과 호의를 이용해서 프랑스로부터 모나코를 지켜내려는 계획인 것 같아."

"으음……."

이지가 심각한 표정으로 고개를 끄덕였다. 그레이스의 말이 사실이라면 문제가 아닐 수 없다. 목적이 있는 사랑은 결코 행복으로 이어질 수 없다는 것은 이지도 잘 알고 있는 진리였다. 턱을 매만지며 골똘히 생각하던 이지가 문득 그레이스의 얼굴을 쳐다보았다.

"그런데 왜 고민을 해요?"

"응?"

"그의 청혼을 거절했지만 언니도 실은 괴로워하고 있잖아요. 그의 마음이 완전히 거짓이라고 생각한다면 그럴 필요조차 없다고 생각하는데요."

이지의 얼굴을 멍하니 바라보던 그레이스가 피식 웃었다.

"이지의 말이 맞아. 그가 새빨간 거짓말쟁이라고 생각했다면 고민할 필요조차 없겠지. 그런데 솔직히 잘 모르겠어. 그의 마음이 진심인지, 아니면 나를 이용하기 위한 속임수인지."

깊은 한숨을 내쉬는 그레이스를 이지가 측은하게 바라보았다. 확신을 주지 못하는 사랑이 여자의 마음을 얼마나 혼란스럽게 만드는지 이지도 알고 있는 것이다. 이지가 그레이스의 손을 다정하게 잡아주었다.

"정답은 결국 자신의 마음속에 있어요."

"뭐라고?"

"누군가를 향한 감정이 혼란스러울 때는 조용히 자신의 내면을 들여다봐요. 그럼 자신이 어느새 결론을 내려두고 있다는 사실을 발견하게 될 거예요."

"으음……."

신음을 흘리며 이지가 한 말의 의미를 되새기던 그레이스가 천천히 고개를 끄덕였다.

"그래, 이지의 말이 옳아. 나는 어쩌면 이미 결정을 내려두고 있는 건지도 몰라."

"그래서…… 어떻게 결론을 내렸는데요?"

"아직은 아니야. 조금만 더 생각해보고 얘기해줄게."

이지는 어떤 식으로 결론이 나든 그레이스가 행복해졌으면 좋겠다고 생각했다.

3
백마 탄 왕자님과 어설픈 바람둥이

날이 밝자마자 이지는 그레이스를 따라 유니버설 스튜디오로 향했다. 이른 햇살 아래의 거리는 생기로 반짝였다. 대부분 영화계 종사자인 행인들이 각자의 촬영장으로 향하며 반갑게 인사를 건네곤 했다. 그레이스도 모든 사람들에게 친근하게 눈인사를 건넸다.

촬영장에 도착한 그레이스와 이지는 월터스 감독의 지시에 따라 연기를 시작했다. 배경은 어제와 마찬가지로 대저택 거실이었다. 영화 '상류사회'에서 그레이스 켈리는 허영심 많은 부잣집 딸 역할을 맡고 있었다. 프랭크 시나트라는 그녀의 이혼한 전 남편이고, 빙 크로스비는 그녀와의 재혼을 앞두고 있는 약혼자다. 결혼식을 하루 앞두고 새 출발에 들떠 있는 그레이스 앞에 갑자기 전남편 시나트라가 나타나면서 벌어지는 일대소동을 그리는 코미디영화였다. 이지도 이 영화에서 당당하게 메이드 역 엑스트라를 맡았다.

"레디~ 액션!"

월터스 감독의 사인과 함께 촬영이 시작되었다. 갑자기 등장한 전남편 때문에 히스테릭해진 그레이스가 거실에서 시나트라, 크로스비와 함께 언쟁을 벌이는 씬이었다. 이지는 이 장면에서 세 잔의 커피가 담긴 은쟁반을 들고 등장해야 한다. 게다가 대사까지 있었다.

"덱스터 씨, 설탕을 넣어드릴까요?"

짧은 대사였지만 이지를 긴장시키기에는 충분했다. 이지는 거실 구석에서 쟁반을 받쳐 든 채 언쟁을 벌이는 그레이스와 시나트라, 크로스비를 훔쳐보며 감독의 사인이 떨어지기를 기다렸다. 그리고 마침내 월터스 감독이 이지를 향해 손짓했다.

"후우우~"

크게 심호흡하며 이지가 소파를 향해 걸음을 옮겼다. 입안이 바짝 타들어가고 다리는 후들거렸다. 그녀는 초인적인 능력을 발휘해 커피를 쏟지 않고 도착할 수 있었다. 그레이스가 성난 얼굴로 이지를 휙 돌아보았다.

"아만다, 덱스터 씨에게 커피를 대접하도록. 그래야 잠시라도 저 시끄러운 입을 틀어막을 수 있을 테니까."

"예? 아, 예."

이지가 크로스비를 향해 돌아섰다. 하지만 순간 너무 긴장한 나머지 스텝이 꼬이고 말았다.

"아얏!"

이지가 쟁반을 놓치면서 뜨거운 커피가 시나트라와 크로스비를 향해 쏟아졌다.

"으악!"

"앗, 뜨거!"

두 남자 배우가 비명을 지르며 일어섰다.

"죄송합니다, 정말 죄송합니다."

전설 같은 배우들에게 실수를 저질렀다는 생각 때문에 이지는 정신이 하나도 없었다. 월터스 감독의 불호령이 떨어질 게 분명했다.

"깔깔깔깔!"

그레이스가 웃음을 터뜨린 것은 그때였다. 이지가 황당한 눈으로 눈물까지 글썽이며 웃어젖히는 그녀를 돌아보았다. 그레이스가 갑자기 웃음을 뚝 그치더니 표독스럽게 내뱉었다.

"그깟 커피가 뭐가 뜨겁다고 그래요? 당신들 두 멍청이 때문에 내 심장은 활활 타버릴 지경이라구요."

"……!"

이지는 물론 시나트라와 크로스비까지 멍청해졌다. 아니, 촬영장 전체가 정적에 빠져들었다. 그제야 이지는 그레이스가 자신의 실수를 덮어주기 위해 대본에도 없는 연기를 했음을 알아차렸다. 이지가 콧수염을 바르르 떨고 있는 월터스 감독을 돌아보았다. 감독이 팔을 번쩍 쳐들며 환호했다.

"커-트! 완벽한 연기였어, 켈리!"

"후우~ 간신히 살았다."

이지는 비로소 안도의 한숨을 내쉴 수 있었다.

이 실수로 이지는 뜻밖의 행운도 얻었다. 월터스 감독이 이지의 연기가 괜찮다며 아예 고정 배역을 준 것이다.

"축하해, 이지. 너도 배우가 되어가는구나."

그레이스가 흡족한 표정을 지었지만 이지는 이것이 슬퍼해야 할 일인지 기뻐해야 할 일인지 헷갈렸다. 어쨌든 정신없는 와중에 오전 촬영이 끝났다. 월터스 감독이 손뼉을 마주치며 외쳤다.

"자, 점심식사 맛있게 하십시오. 오후 촬영은 한 시부터입니다."

이지도 그레이스 켈리, 프랭크 시나트라, 빙 크로스비와 거실 소파에 둘러앉았다. 전설적인 인물들과 함께 식사한다는 생각만으로도 그녀는 가벼운 흥분을 느끼고 있었다. 하지만 음식 수준은 형편없었다. 도시락으로 배달된 식은 햄버거와 커피가 전부였다.

"쳇, 이런 걸 먹고 어떻게 촬영을 하라는 거야."

"오늘은 좀 심하군."

크로스비가 햄버거를 던져놓으며 투덜거리자 시나트라도 고개를 끄덕였다.

"촬영장 환경이야 늘 열악하잖아요. 월터스를 곤란하게 만들지 말고 그냥 먹자고요."

그레이스만이 불평하지 않고 햄버거를 우물거렸다. 역시 그레이스는 마음 씀씀이부터 다르다고 생각하며 이지도 햄버거를 베어 물었다.

"여러분, 잠시 식사를 멈춰 주십시오!"

경쾌한 목소리가 들려온 것은 그때였다. 이지와 그레이스가 거실 입구를 돌아보았다. 순간 김이 모락모락 피어오르는 양식 정찬이 차려진 서비스카트를 줄줄이 밀고 들어오는 십여 명의 호텔 보이들 뒤로 레니에의 의기양양한 모습이 보였다.

"레니에, 당신이 어떻게……?"

엉거주춤 일어서는 그레이스를 향해 레니에가 한쪽 눈을 찡긋했다.

"당신과 당신의 친구들이 식사 때문에 불평이 많다는 소식을 듣고 힐튼 호텔의 스테이크 전문점 '비프힐'에 도시락을 주문했다오."

레니에가 오른손을 가슴에 붙이며 정중하게 허리를 숙였다.

"부디 맛있게 드셔주시길."

촬영장 곳곳에서 환호성이 터져 나왔다.

"와아~ 비프힐의 스테이크라면 최고의 점심이지."

"레니에 씨, 고마워요."

월터스 감독과 촬영 스태프들이 앞다퉈 스테이크 접시를 받았다.

"고맙소, 레니에 씨."

"앞으로도 종종 부탁하리다."

크로스비와 시나트라도 레니에와 악수를 나눈 후 도시락을 챙겼다. 이지 역시 먹음직스러운 스테이크를 가져다 먹어치우고 싶은 마음이 굴뚝같았다. 하지만 그레이스의 안색이 대리석처럼 굳어 있었으므로 움직일 수가 없었다.

그레이스가 레니에를 향해 차가운 목소리로 말했다.

"호의는 고마워요, 레니에. 하지만 다시는 이런 짓 하지 말아요."

"그레이스, 이건 친구로서 베푸는 작은 호의일 뿐이오."

"아무리 작은 호의라도 상대방이 부담스럽다고 느끼면 그건 이미 호의가 아닌 거예요."

"!"

그레이스가 냉담하게 내뱉자 레니에가 움찔했다. 한동안 서글픈 눈으로 그레이스를 바라보던 그가 힘없이 고개를 끄덕였다.

"알겠소. 당신이 원한다면 하지 않으리다."

"고마워요."

그레이스는 결국 레니에가 가져온 음식에 손을 대지 않았다. 덕분에 이지도 식은 햄버거를 먹을 수밖에 없었다. 조금씩 굳어가는 두툼한 스테이크를 힐끔거리며 이지는 침만 꼴딱꼴딱 삼켰다.

"레디~ 액션!"

오후 촬영이 시작되었지만 레니에는 촬영장을 떠나지 않았다. 그는 구석에 서서 우울한 눈빛으로 그레이스를 응시했다. 그러나 그레이스는 레니에에게 눈길 한번 주지 않았다. 이지는 가끔 메이드 역할을 하다가 우두커니 서 있는 레니에를 쳐다보곤 했다. 우수에 젖은 그의 눈은 이지의 마음까지 아프게 만들었다.

이때 월터스 감독이 소리쳤다.

"자, 다음 촬영장은 저택에 딸려 있는 수영장이야! 이번 씬에 출연하는 배우들은 모두 수영복으로 갈아입도록!"

그레이스도 수영복으로 갈아입었다. 몸에 꼭 맞는 수영복은 그녀의 여신처럼 아름다운 몸매를 더욱 강조해주었다. 역시 수영복으로 갈아입은 시나트라와 크로스비는 물론 전 스태프들이 입을 헤 벌린 채 한낮의 햇살을 하얗게 반사하는 수영장으로 나온 그녀를 응시했다. 이지가 경호원처럼 양팔을 벌린 채 그레이스의 앞을 막아섰다.

"눈들 돌리지 못해요?"

수영장 씬에서 의외로 시간을 많이 잡아먹었다. 그레이스를 가운데 두고 신경전을 벌이던 전남편 시나트라와 현남편 크로스비가 격투를 벌이는 장면이었는데, 두 배우가 물속으로 곤두박질치는 장면에서 자꾸 엔지가 났다. 배우들이 모두 녹초가 되자 월터스 감독이 잠시 휴식을 주었다.

나무 그늘 아래 앉아 땀을 식히는 이지의 눈에 우두커니 수영장 가장자리에 서 있는 레니에의 모습이 들어왔다. 그레이스와의 불편한 관계 때문에 아무도 그에게 말을 걸지 않았다. 사랑을 찾아 대서양을 건너온 남자는 너무도 쓸쓸해 보였다.

아마도 그래서였을 것이다. 스윽 몸을 일으킨 이지가 장난스런 미소를 머금은 채 레니에의 등 뒤로 살금살금 걸어간 것은. 길고양이처럼 소리를 죽이고 레니에에게 다가가는 이지를 잡담을 나누던 시나트라와 크로스비가 히죽 웃으며 쳐다보았다. 그들도 이지의 의도를 알아차린 듯 말릴 생각을 하지 않았다.

투욱!

"악!"

그리고 마침내 이지가 레니에의 등을 어깨로 살짝 밀자 그가 짧은 비명을 지르며 수영장으로 풍덩 빠져버렸다.

"어푸~ 어푸~"

자신의 키 높이에도 미치지 못하는 물에 빠진 채 정신없이 허우적대는 레니에를 보며 이지와 모든 배우들, 스태프들이 재밌어죽겠다는 듯이 웃어젖혔다.

"깔깔깔!"

"핫하하하!"

하지만 점점 더 격하게 허우적거리며 안색이 파랗게 질리는 레니에를 발견하고 이지는 무언가 잘못되었음을 깨달았다. 이지가 레니에를 가리키며 비명을 질렀다.

"꺄악~ 누가 좀 구해줘요!"

바람처럼 달려와 수영장으로 뛰어든 사람은 바로 그레이스였다. 축 늘어진 레니에를 끌고 수영장 밖으로 나오는 그레이스를 이지와 시나트라, 크로스비 등이 끌어당겨주었다.

"미안해요. 나는 그냥 장난을 좀 친 것뿐인데······."

이지가 눈물을 글썽이며 그레이스와 레니에에게 사과했다. 그레이스가 이지를 무시한 채 바닥에 엎드려 가쁜 기침을 토하는 레니에를 싸늘히 내려다보았다.

"그러게 이런 꼴 당하지 않고 떠나면 좋았잖아요."

"……!"

그녀의 말은 레니에의 자존심에 깊은 상처를 남긴 듯했다. 푹 젖은 채 주저앉아 있는 레니에를 남겨두고 그레이스는 찬바람을 일으키며 돌아섰다. 레니에를 딱하게 내려다보던 시나트라와 크로스비도 돌아섰다. 이지만 안절부절못하며 레니에의 옆을 지키고 있었다.

그의 옆에 다소곳이 앉으며 이지가 다시 한 번 사과했다.

"정말 미안해요. 레니에 씨가 수영을 못 하는 줄은 몰랐어요."

레니에가 자조 섞인 미소를 흘렸다.

"단순히 수영을 못 하는 정도가 아니야. 어려서부터 물에 대한 공포가 극심해서, 갑자기 물에 빠지면 기절을 해버릴 정도지."

"혹시 물에서 무슨 사고라도 당했어요?"

고통스런 기억을 떠올리는 듯 미간을 찌푸리고 있던 레니에가 살짝 잠긴 목소리로 중얼거렸다.

"실은 아홉 살 때, 친척들과 함께 요트를 타고 지중해로 나갔다가 배에서 떨어져 익사할 뻔했단다. 구사일생으로 살아났는데, 잠결에 어머니와 아버지가 나누는 대화를 우연히 듣게 되었지. 프랑스가 나를 없애려고 일부러 사고를 냈다는 거야. 아마 그때부터였을 거야. 내가 물에 대해 병적인 두려움을 갖게 된 것은 말이야."

"그렇군요."

이지가 더욱 미안해진 표정으로 고개를 주억였다. 그레이스에게 들었던 프랑스의 식민지에 가까운 모나코의 사정이 떠오르며 레니에가 측은하게만 느껴졌다.

'후우~ 언제든 목숨을 위협받을 수 있는 왕이라면 행복하지 않을 수도 있겠구나.'

한숨을 내쉰 이지가 분위기를 바꿔보려고 레니에를 향해 물었다.

"레니에 씨는 언제부터 그레이스를 좋아하게 됐어요?"

그레이스에 대한 얘기가 나오자 그의 표정이 조금은 밝아졌다.

"그레이스가 프랑스의 리비에라에서 히치콕 감독의 '나는 결백하다'라는 영화를 촬영할 때 처음 만났어. 그 무렵 그레이스가 화보 촬영을 위해 모나코에 잠시 들렀었거든. 해변을 걷는 그녀의 여신처럼 우아한 모습에 나는 한눈에 반해버렸지."

레니에가 달콤한 회상에 잠기며 말을 이었다.

"그때부터 줄곧 그녀의 주위를 맴돌기 시작했어. 시간이 날 때마다 미국으로 날아와 촬영장 근처를 서성이곤 했지. 하지만 아무리 노력해도 그녀의 마음은 열리지 않더군."

"그녀가 무얼 두려워하는지 혹시 알고 있나요?"

"내가 자신을 이용해 프랑스를 견제하려 한다고 의심하고 있지."

"맞아요."

"하지만 그건 오해야. 정치적 목적을 위해서 사랑하지도 않는 사람에게 청혼할 만큼 나는 가식적인 남자가 아니야."

"물론 그러리라 생각하고 있어요."

이지는 레니에의 쓸쓸한 눈빛이 안타까워서 견딜 수가 없었다. 그의 깊고 검은 눈동자가 주노를 빼닮아 있기에 더욱 그렇게 느껴지는지도 몰랐다. 이지가 레니에를 향해 불쑥 손을 내밀었다.

"우리 악수해요."

"응, 갑자기 왜?"

"앞으로 친구가 되자는 의미예요."

한동안 이지가 내민 손을 물끄러미 보고 있던 레니에도 결국 손을 내밀었다. 맞잡은 손을 힘주어 흔들며 이지는 참 따뜻한 손이라고 생각했다.

촬영이 끝나고 이지와 그레이스가 집으로 돌아갈 준비를 하고 있을 때 시나트라와 크로스비가 다가왔다.

"그레이스, 오랜만에 한잔 어때?"

"글쎄요……."

머뭇거리는 그녀를 향해 월터스 감독이 다가왔다.

"가끔은 긴장을 풀어주는 것도 연기에 도움이 되지 않을까?"

"감독님도 가시려고요?"

"왜, 내가 가면 싫은가?"

"감독님이 가시면 저도 가려고요."

이지가 레니에가 앉아 있던 자리를 돌아보았지만 그의 모습은 이미 사라지고 없었다.

'레니에 씨도 있었으면 좋았을 텐데.'

그레이스와 일행은 웨스트사이드의 한 노천 바에 자리를 잡았다. 그레이스를 비롯한 성인들은 위스키를 마시고 이지는 탄산음료를 마셨다. 오랜 친구들인 그레이스와 월터스, 시나트라, 크로스비는 대화가 썩 잘 통했다. 네 사람이 술잔을 부딪치며 유쾌하게 웃고 떠들었다. 멀리 모하비 사막에서 불어온 바람이 가끔씩 그레이스의 풍성한 금발을 흔들고 지나갔다. 이지는 그것이 꼭 금빛 벨벳처럼 보인다고 생각했다.

"!"

음료수 잔을 기울이던 이지가 흠칫 놀란 것은 그때였다. 저쪽 골목 모퉁이에서 누군가 이지를 향해 손짓을 하고 있었던 것이다. 그가 레니에임을 깨닫는 순간, 이지는 재빨리 그레이스의 눈치를 살폈다.

"히치콕 감독은 영화를 찍을 때 늘 이렇게 말하곤 하지. 이봐, 영화에 끌려가지 말고 영화가 당신을 따라오도록 만들란 말이야."

다행히 그레이스는 시나트라와의 대화에 푹 빠져 있었다.

"잠깐 화장실 좀 다녀올게요."

이지가 일어섰지만 신경 쓰는 사람은 없었다. 바 안쪽으로 향하는 척하던 이지가 재빨리 레니에 쪽으로 방향을 틀었다. 모퉁이를 돌아오는 이지를 향해 레니에가 가지런한 이를 드러내며 미소 지었다.

"이지, 갑자기 불러내서 미안."

"이런 곳에서 뭘하고 계세요?"

"실은 이것 때문에……."

레니에가 눈에 익은 반지 상자를 내밀었다. 얼마 전 렉싱턴 호텔 뷔페에서 그레이스에게 바치려고 했다가 거절당한 반지가 들어 있는 상자가 분명했다.

"이걸 왜 저한테 주세요?"

"이 반지를 그레이스에게 전해주면 안 될까? 그녀는 너를 소중한 친구로 생각하고 있으니까 거절하지 않을지도 몰라."

"흐음……."

레니에가 내민 반지를 심각하게 내려다보던 이지가 고개를 흔들었다.

"썩 좋은 방법 같지는 않군요. 세상 어떤 여자가 다른 사람을 통해 프러포즈를 대신 받고 싶겠어요?"

"후우~ 역시 그런가?"

레니에가 상자를 거둬들이며 쓴웃음을 지었다.

"오죽하면 내가 이런 바보 같은 짓까지 생각해냈겠니?"

이지는 어떻게든 레니에를 도와주고 싶었다. 턱을 매만지며 고민하던 이지의 눈이 반짝 빛났다.

"저한테 좋은 방법이 있는데, 한번 해볼래요?"

"무슨 방법?"

"지금 당장 그레이스에게 가서 내일 새벽 첫 비행기를 타고 모나코로 돌아가겠다고 말하세요."

"하, 하지만 나는 아직 그녀의 곁을 떠날 생각이 없어."

"그래도 무조건 말해요. 당신이 떠난다고 하면 언니도 분명 어떤 반응을 보일 거예요."

이지의 얼굴을 멍하니 들여다보던 레니에가 긴장된 목소리로 물었다.

"만약 그랬다가 아무 반응도 보이지 않으면?"

"그땐 미련 없이 떠나야죠. 그레이스의 마음이 영원히 변치 않을 거란 뜻이니까요."

"하지만……."

망설이는 레니에의 팔을 이지가 힘주어 잡았다.

"레니에 씨, 피하기만 해서는 아무것도 이룰 수가 없다구요."

"……!"

질린 눈으로 이지를 바라보던 레니에가 빙긋 웃었다.

"이지는 몇 살이지?"

"열네 살인데요. 갑자기 나이는 왜요?"

"나보다 이지가 사랑에 대해 훨씬 잘 알고 있는 것 같아서 말이지."

이지는 레니에의 얼굴을 조용히 바라보았다. 사랑을 잃을까 봐 두려워하는 그의 모습은 예전의 자신과 닮아 있었다. 어쩌면 그래서 그를 더 돕고 싶은 것인지도 모른다.

이지가 다시 한 번 재촉했다.

"당장 가서 내가 시키는 대로 얘기해요. 내 생각에는 이게 마지막 기회예요."

"알았어. 이지 너를 믿어볼게."

모퉁이를 돌아 그레이스를 향해 성큼성큼 걸어가는 레니에의 뒷모습을 이지가 긴장된 눈으로 지켜보았다.

"여어~ 레니에 씨 아니시오?"

테이블 옆에 우뚝 서는 레니에를 가장 먼저 발견한 사람은 월터스 감독이었다. 이어 그레이스와 시나트라, 크로스비도 대화를 멈추고 일제히 돌아보았다.

"레니에 씨, 이쪽으로……."

자리를 권하던 시나트라가 그레이스의 매서운 눈초리를 발견하고 움찔했다. 레니에가 그레이스를 향해 씁쓸하게 웃으며 말했다.

"모처럼의 즐거운 시간을 방해해서 미안하오, 그레이스."

"알고 있다니 다행이군요."

"다시 한 번 사과하겠소. 하지만 앞으론 이런 일도 없을 테니 너무 노여워 마시오."

"그건 또 무슨 소리죠?"

그레이스의 눈을 똑바로 쳐다보며 레니에가 말했다.

"실은 내일 첫 비행기를 타고 모나코로 돌아가게 되었소."

"……!"

동시에 그레이스의 안색이 창백하게 변했다.

"나의 구애가 당신에게 짐만 될 뿐이란 사실을 깨달았소. 차마 발

걸음이 떨어지지 않지만 지금 떠나는 용기를 보여야 당신에게 그나마 최악의 남자로 기억되지는 않을 것이기에 어려운 결정을 내렸다오."

월터스와 시나트라, 크로스비의 시선이 일제히 바위처럼 굳어 있는 그레이스의 얼굴로 향했다. 세 사람 모두 그녀의 오랜 친구였으므로 저 멋진 남자를 놓치지 말라고 말해주고 싶었다. 그러나 그레이스의 태도가 워낙 완강해서 차마 입을 떼지 못했다.

"아아…… 나는…… 나는……."

그레이스가 무슨 말인가를 하려고 입술을 달싹였지만 끝내 아무 말도 나오지 않았다.

"부디 행복하시오. 머나먼 지중해에서 별이 쏟아질 것 같은 밤하늘을 볼 때마다 어떤 별보다도 영롱했던 당신을 떠올릴 것이오."

가슴 아픈 이별사를 끝으로 레니에가 휙 돌아섰다. 그리고 이지가 배꼼이 얼굴을 내밀고 있는 길모퉁이를 향해 걸음을 옮겼다.

이지가 점점 울상으로 변해가는 레니에의 얼굴을 보며 초조하게 중얼거렸다.

"돌아보면 안 돼요, 레니에. 그레이스가 당신을 부를 때까진 어떻게든 버텨요."

하지만 이지는 레니에의 인내심이 한계에 다다르고 있음을 알아차렸다. 그의 걸음이 점점 느려지고 있었다. 그는 당장이라도 돌아서서 다시 애원을 늘어놓을 태세였다. 레니에가 몸을 돌려세우기 직전, 뒤쪽에서 그레이스의 다급한 목소리가 들려왔다.

백마 탄 왕자님과 어설픈 바람둥이

"거기 서요, 레니에!"

"!"

레니에가 우뚝 멈춰 섰다. 그가 눈을 부릅뜬 채 이지를 보았다. 이지가 그럴 줄 알았다는 듯 엄지손가락을 세워 보였다. 천천히 돌아서는 레니에를 향해 그레이스가 다가왔다.

그의 앞에 선 그레이스의 얼굴은 여전히 차가웠다. 그래서 레니에는 그녀가 무슨 생각을 하는지 알 수가 없었다. 한동안 그의 눈을 들여다보던 그레이스가 수줍게 중얼거렸다.

"괜찮다면 지금부터 당신과 데이트를 하고 싶어요."

"예?"

"내일 떠난다면서요? 그동안 고생했는데, 데이트라도 한번 해줘야 하는 게 아닌가 해서요."

"……."

"싫어요?"

"그, 그럴 리가 있겠소."

"그럼 가요."

나란히 멀어지는 두 사람의 뒷모습을 지켜보며 이지가 회심의 미소를 지었다.

시원한 바람을 맞으며 그레이스와 레니에는 그리피스 공원 쪽으로 걸었다. 이지도 약간 떨어져서 두 사람을 따라갔다. 두 사람의 대화를 엿들으려고 귀를 쫑긋 세웠지만 잘 들리지 않았다.

그레이스가 싱글벙글 웃고 있는 레니에를 힐끗 돌아보았다.

"왜 그렇게 웃어요?"

"그냥 당신과 발을 맞춰 걷고 있다는 사실이 행복해서 그렇소."

그레이스는 애써 냉담한 표정을 지었다.

"오해는 말아줘요. 이것이 우리의 첫 데이트이자 마지막 데이트가 될 테니까요."

"!"

순간 레니에의 얼굴에서 웃음기가 싹 가셨다.

"상관없소."

"상관…… 없다고요?"

"실은 내일 떠난다는 말도 거짓이었소. 이지가 그렇게 말하면 당신이 날 쳐다봐줄 거라고 하더군."

"이지 이 녀석이!"

눈을 치켜뜨는 그레이스를 향해 레니에가 빠르게 말했다.

"그런데 이젠 정말 떠나야겠다는 생각이 드는군."

"갑자기 무슨……?"

두 사람은 어느새 그리피스 공원 정상에 도착다. 'HOLLYWOOD' 라는 하얀 글자가 걸린 그 암벽 위가 바로 공원이었다. 레니에와 그레이스는 공원 난간에 서서 널찍한 평야에 자리 잡은 도시를 굽어보았다. 시원한 바람이 두 사람의 머리카락을 사려 깊게 흔들고 지나갔다.

레니에가 한참만에야 입을 열었다.

"오늘 당신과 나란히 걸으며 진심으로 행복했소. 당신의 눈빛, 숨결, 향기를 느끼며 난생처음 완벽한 감정을 경험했지. 그와 동시에 이런 생각이 들었소. 아, 내가 진정으로 원하는 것은 이 여자가 행복해지는 것이구나."

잠시 말을 그친 레니에가 그레이스의 얼굴을 돌아보았다. 그의 눈매가 조금 더 깊어진 것 같았다.

"그리고 이 여자의 행복을 위해서라면 모든 욕심을 버리고 떠나줘야 하는 것이구나."

"당신……."

그레이스의 눈이 벅찬 감동으로 흔들렸다. 그녀도 분명 그를 원하고 있지만 눈에 보이지 않는 어떤 벽 같은 것이 그녀를 가로막고 있었다. 의심이라고 불러도 좋고, 불확실이라고 불러도 좋을 그것 때문에 그레이스는 그를 향해 마지막 한 걸음을 내딛지 못하고 있었다.

'그레이스, 이 남자는 정말 떠날 생각이야. 이 남자가 사라져도 정말 후회하지 않을 자신 있어?'

그레이스의 마음속에서 어서 눈앞의 남자를 잡으라는 외침이 들려왔다. 하지만 그녀는 끝내 손을 뻗지 못했다. 기분 나쁜 목소리가 들려온 것은 그때였다.

"레니에 전하, 외출이 너무 긴 게 아니신지요."

레니에와 그레이스가 소리 나는 쪽으로 돌아섰다. 한여름임에도 검은 정장에 페도라를 눌러쓴 건장한 남자 다섯이 다가오는 게 보였다. 남자들이 레니에와 그레이스를 포위하듯 빙 에워쌌다. 그레이스가 맨 앞, 뺨에 칼자국이 있는 남자를 향해 떨리는 목소리로 물었다.

"다, 당신들 누구예요?"

"흐흐……!"

남자가 대답 대신 살벌하게 웃었다.

"저, 저 사람들 뭐야? 빨리 경찰을 불러야……."

그레이스와 레니에를 둘러싼 수상한 남자들을 이지도 발견했다. 이지가 그레이스와 레니에를 도우려고 달려가려는데 누군가 그녀의 뒷덜미를 끌어당겼다.

"아아…… 지금 나서는 건 곤란하지."

"당신은 또 누구예요?"

이지가 눈앞에 빙그레 웃으며 선 남자를 황당한 듯 쳐다보았다. 레니에보다 두어 살쯤 많을까? 최고급 슈트 차림에 지중해의 바다 빛깔을 닮은 푸른색 셔츠 앞단추를 두어 개 풀어헤친 남자는 레니에 못지않은 멋쟁이에 부자처럼 보였다. 하지만 버릇처럼 입 꼬리를 슬쩍 들어 올린 그의 웃음에선 왠지 짓궂은 바람둥이 같은 느낌이 풍겼다.

이지가 눈을 치켜뜨며 남자를 향해 다시 물었다.

"당신도 저 남자들과 한패예요?"

남자가 고개를 까닥이며 대답했다.

"나는 오나시스라고 한단다. 흔히들 선박왕 오나시스라고 부르지. 그리고 저기 있는 저 녀석들은 나와 한패가 맞아."

"당장 그레이스와 레니에에게서 떨어지지 않으면 경찰을 부르겠어요."

"호오, 제법 용감한 아가씨로군."

오나시스라고 자신의 이름을 밝힌 남자가 손가락으로 이지의 콧잔등을 툭 치며 씨익 웃었다.

"우쒸~ 왜 때려요?"

발끈하는 이지를 향해 오나시스가 얼굴을 바싹 들이밀었다.

"이지, 너는 레니에와 그레이스 켈리가 이루어지길 바라고 있지? 실은 나도 그래. 그러니까 우린 동지라고 할 수 있지."

"다, 당신이 내 이름을 어떻게 알아요? 그리고 친구라면서 왜 불한당들을 보내 두 사람을 괴롭히는 거죠?"

"네 이름은 레니에가 알려줘서 알았어. 그리고 저기 저 녀석들은 내가 돈을 주고 특별히 고용한 엑스트라야. 이지 넌 여자가 어느 때 남자에게 반한다고 생각하니? 그건 바로 자신을 괴롭히는 불한당들을 남자가 멋들어지게 해치웠을 때라구."

으스대는 오나시스의 얼굴을 멍하니 바라보던 이지가 간신히 물었다.

"그러니까 당신은 레니에의 친구인데, 그와 그레이스가 잘되게 하기 위해 일부러 이런 일을 꾸몄단 말이죠?"

"빙고~"

자신만만하게 웃는 오나시스의 얼굴에 이지는 묘한 불안감을 느꼈다. 왠지 그가 잘 통하지도 않는 이론에만 밝은 어설픈 바람둥이처럼 보였기 때문이다. 무엇보다 그레이스와 레니에에게 다가가는 남자들의 분위기가 심상치가 않았다.

"당신들 누구냐고 물었어요!"
그레이스가 얼굴에 칼자국이 선명한 남자를 향해 다시 소리쳤다. 남자는 페도라의 챙을 슬쩍 들어 올리며 기분 나쁜 목소리로 대답했다.
"제 이름은 발몽이라고 합니다, 마드모아젤."
"발몽? 프랑스인인가요?"
"맞습니다."
"프랑스인들이 우리한테 무슨 볼일이죠?"
발몽은 레니에를 힐끗 쳐다보았다. 그러자 레니에는 어두운 표정으로 입을 열었다.
"발몽은 프랑스군 대위로 우리 모나코 왕실을 지키는 근위대장이오."
"근위대장이란 사람이 어떻게 이리 무례할 수가……?"
"그건 발몽이 근위대 대장이자 나와 왕실을 감시하는 감시자이기도 하기 때문이지."
"감시자라구요?"
발몽이 오른손을 가슴에 붙이며 히죽 웃었다.
"감시자라니, 무슨 섭섭한 말씀을. 어쨌든 너무 오랫동안 왕좌를 비워두셨습니다, 전하. 이제 그만 모나코로 돌아가십시오."

"모나코로 돌아가자마자 프랑스가 정해놓은 여자와 결혼식을 올려야겠지?"

"행정위원회에서 그렇게 결정했으니까요."

레니에가 참지 못하고 버럭 고함쳤다.

"그 행정위원회를 움직이는 국무장관이 바로 프랑스가 임명한 스테판 남작이 아닌가!"

순간 발몽의 눈이 위협적으로 빛났다.

"저는 정치에 대해선 잘 모릅니다. 다만, 전하를 안전하게 모셔오라는 명령을 받았을 뿐입니다."

발몽을 노려보던 레니에가 갑자기 그레이스의 손을 덥석 잡았다.

"내가 이 여자와 결혼한다면 어떻게 되는 건가?"

"아카데미 여우주연상까지 받은 켈리 양께서 그런 무모한 청혼을 받아들일 것으로 생각되지는 않는군요."

발몽의 위협적인 시선이 그레이스에게로 옮겨졌다.

"그레이스를 해치겠다는 뜻이군. 그래, 내 욕심 때문에 사랑하는 여자를 다치게 할 순 없지."

레니에가 자조 섞인 웃음을 흘리며 그레이스의 손을 천천히 놓았다.

"가겠어요!"

그레이스가 레니에의 손을 와락 잡으며 외친 것은 그때였다. 레니에가 눈을 동그랗게 뜨고 그녀를 돌아보았다.

"가다니? 어딜 말이오?"

"모나코로 가서 당신과 결혼하겠다고요."

"하지만……."

그레이스가 발몽의 얼굴을 가리키며 확신에 찬 목소리로 말했다.

"방금 이 남자가 내게 확신을 주었어요. 당신 혼자 어려움 속에 버려둘 수는 없다고 말이에요. 당신이 진심으로 날 사랑하는 걸 알았으니, 나도 더 이상 망설이지 않고 당신은 물론 당신의 조국 모나코까지 사랑하겠어요."

"그레이스, 정말 고맙소!"

벅찬 감동으로 눈물을 글썽이던 레니에가 그레이스를 와락 끌어안았다. 하지만 두 사람의 감동적인 분위기를 발몽이 그냥 두고 보고만 있지는 않았다.

"미안하지만 당신은 모나코의 왕비가 될 수 없을 거요."

발몽의 말이 끝나기 무섭게 네 남자가 그레이스에게 덤벼들었다. 레니에가 재빨리 그녀의 앞을 막아서며 주먹을 휘둘렀고, 첫 번째 남자는 그의 주먹에 맞고 쓰러졌다.

"녀석들 아주 실감나게 잘하고 있군."

흡족하게 웃는 오나시스를 이지가 휙 돌아보았다.

"저거 진짜 싸우는 거 아니에요?"

"내가 고용한 엑스트라들이라니까. 이제 곧 레니에가 나머지 녀석들까지 다 쓰러뜨리면 켈리 양이 레니에의 품에 다소곳이 안길 테니, 두고 보렴."

"이상하다. 내 눈에는 진짜 싸우는 것처럼 보이는데……."

불안한 듯 중얼거리는 이지를 싹 무시하고 오나시스는 자기만족에 빠져 떠벌렸다.

"생각해보면 참으로 오랜 시간이 걸렸어. 모나코에 유럽으로 진출할 수 있는 선박 기지를 만들려고 오랫동안 투자를 해왔는데, 프랑스가 모나코 자체를 꿀꺽 삼키려고 하지 뭐냐? 그래서 나는 모나코의 독립을 지킬 심산으로 초강대국 미국을 끌어들이기로 결심했어. 할리우드의 유명 배우들을 왕비 후보로 올려놓고 레니에게 고르도록 시켰지. 오드리 햅번, 마릴린 먼로, 그레이스 켈리 세 명을 말이야. 미국인들이 사랑하는 여배우와 모나코의 국왕이 세기의 결혼식을 올리면 모나코가 미국인들 사이에 유명해져서 프랑스도 함부로 합병할 수 없지 않겠니?"

이자가 놀라 입을 떡 벌렸다.

"그, 그럼 레니에가 그레이스에게 접근한 것은 모두 오나시스 당신이 계획한 일이란 말인가요?"

"쉬잇!"

오나시스가 손가락으로 이지의 입술을 막으며 의미심장하게 웃었다.

"이건 너와 나만의 비밀이다. 어쨌든 이지 너도 두 사람이 잘되길 바라고 있지 않니?"

"내가 바라는 것은……."

연출된 것이 아닌 진실된 사랑이라고 소리치려던 이지가 멈칫했다. 페도라를 쓴 남자 한 명이 용감하게 싸우던 레니에의 아랫배에 주먹을 쑤셔 박는 걸 발견했기 때문이다.

"저게 정말 연출된 행동이란 말이에요?"

"그, 글쎄…… 조금 이상한 것 같기도 하고……."

이지가 힘없이 무릎을 꿇은 레니에를 가리키자 오나시스도 비로소 고개를 갸웃했다.

"그런 엉터리 같은 대답이 어디 있어요?"

이지가 화가 치밀어 소리칠 때 웬 낯선 남자들이 나타났다. 그러자 오나시스는 귀신이라도 만난 사람 같은 표정으로 남자들을 가리켰다.

"다, 당신들은 내가 고용한 엑스트라들……?"

"으엑! 그럼 지금 레니에를 공격하고 있는 남자들은 진짜라는 거잖아요?"

풀썩!

아랫배를 감싼 채 힘없이 무릎 꿇는 레니에를 향해 발몽이 살벌하게 웃으며 다가왔다.

"국왕이라고 봐줄 줄 알았다면 오산이오."

그레이스가 양팔을 벌리며 레니에의 앞을 가로막았다. 발몽이 그녀를 노리고 손을 내뻗었다.

"다치고 싶지 않으면 물러서라고 경고했을 텐데?"

"꺄아악? 강도야! 무장강도의 습격을 받고 있으니 도와줘요!"

이지의 돼지 멱따는 듯한 비명소리가 들려온 것은 그때였다.

발몽과 남자들이 눈을 치켜뜨며 소리 나는 쪽을 돌아보았다. 고래고래 소리를 지르며 달려오는 이지와 오나시스, 그리고 또 다른 남자들을 발견한 발몽의 표정이 일그러졌다.

"쳇, 오나시스 저 작자가 또 방해를 하는군. 경찰이 오기 전에 이만 돌아가자."

발몽이 부하들과 함께 서둘러 돌아섰다. 그들이 도망친 후 이지와 오나시스가 입가에서 피를 흘리는 레니에를 부축해 일으키는 켈리 앞에 멈춰 섰다.

"그레이스 언니, 괜찮아요?"

걱정스럽게 묻는 이지를 보며 그레이스가 오히려 이상한 표정을 지었다.

"이지 네가 여긴 어쩐 일이니?"

"그게 저어……."

당황하는 이지를 대신해 오나시스가 재빨리 변명했다.

"저는 레니에 전하의 오랜 친구인 오나시스라고 합니다. 제가 레니에 전하를 찾았더니, 여기 이지라는 친구가 안내를 해주더군요."

"그렇게 된 거였군요."

오나시스가 손수건으로 입가의 피를 훔치는 레니에를 향해 물었다.

"전하, 괜찮으십니까?"

"덕분에 무사하오."

"전하를 공격한 녀석들은 대체 누굽니까?"

"발몽과 그의 부하들인 것 같더군."

"발몽이 왔다면 분명 스테판 남작의 지시를 받았겠군요?"

"그렇겠지. 하지만 절대로 자백하지 않을 테니 추궁해봤자 소용없을 거요."

오나시스가 레니에의 얼굴을 들여다보다가 의아한 듯 고개를 갸웃했다.

"그런데 부상자치곤 표정이 매우 밝으시군요?"

"그게 실은……."

그레이스의 얼굴을 돌아보며 레니에가 빙그레 미소 지었다.

"그레이스가 모나코로 가서 나와 결혼식을 올리기로 했소."

"그거 정말 잘 되었군요!"

환호하는 오나시스 옆에서 이지도 그레이스를 축하해주었다.

"진심으로 행복하길 기도할게요, 언니."

"고마워, 이지."

그레이스가 이지를 와락 끌어안았다. 그레이스에게 안긴 이지와 오나시스의 시선이 마주친 것은 바로 그때였다.

'우리 둘만의 비밀은 죽을 때까지 지켜주길 부탁할게.'

어설픈 바람둥이의 눈이 그렇게 말하고 있는 것 같았다.

4
사랑과 진실

그해 여름이 가기 전에 영화를 끝내고 레니에와 함께 모나코로 떠나기 위해 그레이스는 촬영에 몰두했다. 그레이스의 사정을 들은 월터스 감독과 시나트라, 크로스비도 기꺼이 야간 촬영까지 감수해주었다. 피곤에 지쳤지만 마지막이 될지도 모를 영화에 최선을 다하는 그레이스의 곁을 이지와 레니에가 지켰다. 오나시스도 이지 바로 옆 썬베드에 누워 시거를 뻑뻑 피워댔다.

"콜록~ 콜록~ 제발 저쪽으로 가서 좀 피워요. 간접 흡연이 얼마나 해로운지 몰라요?"

이지가 연신 기침하며 불평했지만 오나시스는 꿈쩍하지 않았다.

'으이그~ 저 웬수!'

오나시스를 째려보던 이지의 표정이 갑자기 우울하게 변했다.

'후우우~ 이걸 말해야 하나, 아님 모른 척해야 하나?'

깊은 한숨을 내쉬며 이지는 그리피스 공원에서 오나시스로부터 듣게 된 말을 떠올렸다.

'할리우드의 유명 배우들을 왕비 후보로 올려놓고 레니에에게 고르도록 시켰지. 오드리 햅번, 마릴린 먼로, 그레이스 켈리 세 명을 말이야.'

오나시스의 말에 따르면 레니에는 그레이스뿐 아니라, 오드리 햅번, 마릴린 먼로와도 교제할 수 있었다. 그리고 이것은 그레이스의 염려대로 레니에의 사랑이 철저히 기획된 것이라는 증거였다. 이지는 그레이스도 이 사실을 알고 레니에를 선택한 결정을 다시 고려해 봐야 한다고 생각했다. 하지만 문제는 눈앞에 있는 그레이스가 너무 행복해 보인다는 사실이다. 레니에를 바라보는 그레이스의 입가에는 사랑을 확신하는 여자의 행복한 미소가 떠올라 있었다. 이지는 과연 저 행복을 깨뜨리는 게 옳은 일인지 판단을 내릴 수가 없었다.

"윽!"

이때 매캐한 담배 연기가 콧구멍으로 파고들자 이지의 얼굴이 씰룩거렸다. 이지가 오나시스를 돌아보며 버럭 소리를 질렀다.

"아, 담배 좀 그만 피우라고요! 가뜩이나 미워 죽겠는데, 왜 미운 짓만 골라서 하는 거예요?"

"……!"

오나시스와 레니에가 황당한 눈으로 씩씩대는 이지를 돌아보았다.

"이지, 나 어때?"

그레이스가 스위트룸의 거실로 나오는 순간, 나란히 서 있던 이지와 레니에의 입에서 동시에 감탄사가 새어나왔다.

"오오……!"

그레이스는 레니에가 프랑스에서 직접 공수해온 눈처럼 흰 드레스 차림이었다. 예쁜 몸의 윤곽에 꼭 들어맞는 실크 소재의 드레스는 그녀의 여신 같은 우아함을 완벽하게 살려냈다. 목 위까지 덮는 고급스런 레이스 장식의 상의와 세련된 망사 형태의 면사포는 그녀의 금빛 머릿결과 훌륭한 조화를 이루고 있었다. 활짝 열어놓은 창문을 통해 아침 바람이 불어올 때마다 드레스 자락이 품위 있게 흔들리며 마치 미의 여신이 강림하는 듯한 분위기를 연출했다. 그레이스가 수줍게 웃으며 손가락으로 머리카락을 쓸어 올리는 순간, 왼손 약지손가락에 끼고 있는 12캐럿 다이아몬드 반지가 빛을 발했다.

레니에와 함께 열렬한 시선으로 신부를 뚫어져라 바라보던 이지가 신음처럼 중얼거렸다.

"세상에 저보다 아름다운 신부가 존재할까요?"

레니에가 고개를 휙휙 가로저었다.

"존재할 리가 없지."

이때 레니에 옆에 서 있던 오나시스가 갑자기 흥을 깨는 말을 했다.

"흐음, 아직도 뭔가 부족해."

"저렇게 완벽한데 대체 뭐가 부족하다는 거예요?"

이지가 따져 물었지만 오나시스는 여전히 미간을 찌푸린 채였다.

"부족해…… 아주 조금 부족하다고………."

"진짜 미운 짓만 골라서 한다니까!"

이지가 빽 소리치는 순간, 오나시스가 손가락을 튕겼다. 동시에 객실 문이 열리며 정장을 차려입은 늘씬한 아가씨 둘이 화려한 장식의 보석함을 하나씩 받쳐 들고 들어왔다.

"저 사람들 누구예요?"

오나시스가 아가씨들을 가리키며 히죽 웃었다.

"미국 최고의 보석상에서 내가 특별히 주문한 결혼 선물을 들고 날아온 아가씨들이야."

"대체 무슨 선물을 준비했는데요?"

오나시스가 대답 대신 그레이스를 향해 근사하게 미소 지었다.

"아름다운 신부님께 나의 선물을 바치도록 하세요."

두 아가씨가 어리둥절한 그레이스를 향해 다가갔다. 첫 번째 아가씨가 상자를 열자 영롱한 파란 빛깔의 보석 펜던트가 달린 목걸이가 나타났다. 아가씨가 목걸이를 조심스럽게 그레이스의 목에 걸어주었고, 그녀의 파란 눈동자와 보석은 기막힌 조화를 이루었다.

이지도 어쩔 수 없이 두 손을 모아 쥐었다.

"어쩜~ 진짜 예쁘다!"

오나시스가 자신만만하게 웃으며 목걸이를 가리켰다.

"12캐럿의 결혼 반지와 어울리는 12캐럿의 사파이어 목걸이랍니

다. 켈리 양의 파란 눈동자와 어울리는 순도 높은 녀석을 찾아내느라 애를 좀 먹었지요."

"정말 고마워요, 오나시스. 이렇게 순도 높은 사파이어는 같은 캐럿의 다이아몬드보다 더 귀하다고 알고 있어요."

"친구의 작은 성의라고 생각하면 됩니다."

그것을 신호로 두 번째 아가씨도 상자를 열었다. 이번엔 백금으로 만든 세련된 팔찌였다. 체인 형태로 만들어진 팔찌의 열두 개 마디마다 작은 다이아몬드들이 박혀 손목이 흔들릴 때마다 햇빛을 조금씩 다른 각도로 반사하며 신비롭게 반짝였다.

"티피니에서 가장 유명한 디자이너가 만든 세계에서 단 하나뿐인 팔찌입니다. 열두 개의 체인마다 3캐럿짜리 다이아몬드가 박혀 있지요. 일 년 열두 달 빼놓지 않고 행복한 일이 생기기를 기원하는 마음을 담았습니다."

"오…… 오나시스!"

그레이스가 벅찬 감동을 이기지 못하고 양손을 맞잡았다. 레니에도 감사의 의미로 친구의 등을 가볍게 두드렸다. 이지마저 오늘만은 오나시스가 멋져 보인다고 생각했다. 화려하지만 자신의 아름다움에 비해 결코 과해 보이지 않는 보석을 착용한 채 우아한 드레스를 입은 그레이스 켈리의 모습을 지켜보며 이지는 그녀야말로 세상에서 가장 눈부신 신부가 될 것을 믿어 의심치 않았다. 동시에 이지는 마음속에 남아 있던 마지막 의문을 지우기로 했다.

'그래, 그레이스만 행복하면 되는 거야. 오드리 햅번이나 마릴린 먼로에 대해선 깨끗이 잊어버리자구.'

드레스와 예물까지 맞춘 그레이스의 결혼식은 순조롭게 진행되었다. 영화 촬영도 막바지에 이르렀고, 오늘도 오후 내내 땡볕 아래서 촬영을 강행한 그레이스는 모처럼 파라솔 아래의 의자에 앉아 땀을 식히고 있었다. 오늘따라 레니에와 오나시스 모두 결혼식 준비 때문에 바쁜지라 이지만 그녀의 곁을 지키고 있었다. 지친 그레이스에게 부채질을 해주며 이지는 문득 영화의 결론이 궁금해졌다.
"언니는 누구랑 결혼하고 싶어요?"
"응, 그게 무슨 말이야?"
"영화에서 전남편으로 등장하는 시나트라와 현남편으로 등장하는 크로스비 중 누굴 선택할 것 같으냐고요?"
"흐음, 글쎄……."
그레이스는 턱을 매만지며 고민에 빠졌다.
"아무래도 크로스비가 낫겠죠? 그는 부자지만 시나트라는 빈털터리 가난뱅이잖아요."
"아니, 만약 둘 중 하나를 고르라면 나 같으면 시나트라를 선택할 것 같은데."
"대체 왜요?"
휘둥그레진 이지의 눈을 똑바로 보며 그레이스가 진지하게 답했다.

"전남편 시나트라는 가난하지만 진실한 남자야. 나는 결혼에서 가장 중요한 덕목은 뭐니 뭐니 해도 진실된 사랑이라고 믿고 있어."

"아……!"

희미하게 미소 짓는 그레이스를 보며 이지는 멍해지고 말았다. 그제야 이지는 자신이 결코 진실을 피해갈 수 없음을 깨달았다. 그녀의 행복을 위해서라고 믿으며 스스로 파묻어버렸던 진실을 그레이스 그 자신을 위해 다시 땅속에서 끄집어내야만 하는 것이다. 그리고 최종결정은 그녀 스스로 내리도록 맡기는 게 옳다.

한참을 고민하던 이지가 힘겹게 입을 열었다.

"저기, 언니. 실은 할 말이 있는데……."

"응, 뭔데?"

"실은 오나시스한테 무슨 말을 들었거든요. 이 말을 언니에게 해야 할지 말아야 할지 그동안 계속 망설이고 있었는데……."

미간을 고통스럽게 찌푸린 채 중얼거리는 이지를 바라보는 그레이스의 눈빛이 그제야 심각하게 변했다.

"대체 무슨 일인데 그러니?"

"저기, 그러니까 그게……."

잠시 더 머뭇거리던 이지는 눈을 질끈 감고 오나시스에게 들었던 말을 그대로 전해주었다. 이지의 말을 듣는 그레이스의 표정이 조금씩 차갑게 가라앉았다. 이지의 말이 끝났을 무렵에는 그레이스의 얼굴에 마치 살얼음이라도 낀 것처럼 보였다.

하필이면 그때 그레이스에게 선물할 옷과 백과 구두가 담긴 쇼핑백들을 잔뜩 들고 레니에와 오나시스가 끙끙거리며 돌아왔다. 행복한 신랑 레니에는 의자에 쇼핑백들을 내려놓으며 환하게 미소 지었다.

"그레이스, 마침 쉬고 있었군. 이 구두를 신어보도록 해. 잘 맞는지 한 번 보자구."

"……."

그레이스는 입을 꾹 다문 채 아무런 반응도 보이지 않았다. 레니에는 고개를 갸웃하다가 이지를 향해 대체 무슨 일이냐고 눈짓으로 물었다. 이지가 곤란한 듯 그의 시선을 피했다. 순간 오나시스가 무언가 깨달은 듯 가늘게 떨리는 손가락으로 이지를 가리켰다.

"이지 너 설마 그레이스에게 비밀을 폭로해버린 것은……?"

"비밀이라니? 대체 무슨 비밀?"

레니에가 어리둥절한 표정을 짓고 있을 때, 그레이스가 자리를 박차고 일어서며 선언했다.

"우리 이 결혼 없던 일로 해요!"

"뭐라고……?!"

레니에의 표정이 실망과 당혹감으로 일그러지는 것을 지켜보며 이지는 땅이 꺼져라 한숨을 내쉬었다.

그 후 며칠 동안 그레이스는 영화 촬영까지 멈추고 호텔방에 틀어박혀 있었다. 여름이 막바지로 치달으며 햇살은 더욱 선명해졌지만 그레이스는 모든 창문을 두꺼운 커튼으로 가린 채 밖을 내다보려고 조차 하지 않았다.

그녀가 멍하니 앉아 있는 소파의 테이블 위에 토스트와 커피를 놓아주며 이지는 조심스럽게 말했다.

"그레이스, 뭘 좀 먹어야죠? 어제부터 아무것도 먹지 않았잖아요."

"……."

대답 없이 햇빛의 잔영이 희미하게 일렁이는 커튼을 응시하는 그레이스의 얼굴은 지치고 피곤해 보였다. 며칠간의 야간 촬영에도 씩씩하던 그녀였기에 이번 일로 충격이 얼마나 큰지 짐작할 수 있었다. 그녀의 불행이 자신 탓인 것만 같아 이지는 가슴이 아팠다.

"미안해요, 언니. 괜히 나 때문에……."

"이게 왜 이지의 잘못이야? 나는 오히려 진실을 말해준 이지에게 감사하고 있어."

그레이스는 마른 먼지 같은 미소를 지었다. 이지는 그레이스의 안색을 살피며 조심스럽게 말문을 열었다.

"저기, 언니……. 레니에 씨를 한번 만나보는 게 어떨까요? 그도 굉장히 괴로워하고 있어요. 사실 오드리 햅번과 마릴린 먼로의 일은 레니에가 아니라 멍청한 바람둥이 오나시스가 꾸민 일로……."

"중요한 건 레니에가 내게 거짓말을 했다는 사실이야."

그레이스의 표정이 단호하게 변하자 이지가 움찔했다.

"그는 처음부터 목적을 가지고 내게 접근했어. 만약 내가 끝내 거절했다면 햅번이나 먼로에게 접근했겠지. 이지는 이런 게 과연 사랑이라고 생각하니, 응?"

"……."

이지는 그만 말문이 막혀버렸다. 이때 노크 소리가 들렸다. 룸서비스가 빈 그릇을 가지러 온 줄 알고 이지가 문을 열었다. 그런데 문 앞에 레니에가 서 있는 것이 아닌가. 이지는 서둘러 문을 닫으려고 했다. 하지만 초췌해질 대로 초췌해진 그의 얼굴을 보자 차마 그럴 수가 없었다. 레니에의 얼굴에는 마음의 고통을 받은 사람에게서만 보이는 상흔이 똑똑히 새겨져 있었다.

이지가 머뭇거리는 사이 레니에가 객실 안으로 들어왔다. 그리고 그레이스를 향해 걸어갔다. 레니에를 발견한 그레이스는 고개를 휙 돌리고 그를 외면했다. 한동안 절망적인 눈빛으로 그레이스를 바라보던 레니에가 살짝 잠긴 음성으로 입을 열었다.

"그레이스, 나를 용서해주면 안 될까?"

"……."

"오나시스와 모나코의 미래를 위해서 미국의 유명 배우 중 한 사람과 결혼할 계획을 세웠던 건 사실이야. 하지만 당신을 처음 본 순간 내 머릿속에서 목적 따윈 깨끗이 잊혀지고, 오직 당신에 대한 열정만 가슴을 가득 채우게 되었지. 부디 이 말만은 믿어줘."

그레이스가 비로소 레니에를 보았지만 눈빛은 여전히 얼음장처럼 싸늘했다.

"돌아가요. 당신이 무슨 말을 한들 내 귀에는 들리지 않아요."

"그레이스……."

레니에의 눈에 촉촉이 물기가 맺혔다. 어깨를 축 늘어뜨린 채 돌아서는 그의 뒷모습을 이지가 측은하게 바라보았다. 그가 사라지자마자 이지가 그레이스를 돌아보았다.

"그레이스, 그러지 말고……."

"제발 아무 말도 하지 말아줘, 이지. 나도 고통스러우니까 제발 더 이상은……."

그제야 이지는 그레이스도 울고 있다는 사실을 깨달았다. 아, 모든 사랑은 왜 이다지도 아플 수밖에 없는 걸까? 이지는 이런 사랑이라면 차라리 모른 채 살아가는 편이 나을지도 모른다고 생각했다.

똑똑!

다시 노크 소리가 들려왔다. 이지와 그레이스가 거의 동시에 문을 휙 돌아보았다. 그레이스가 이지를 향해 사정조로 말했다.

"이지, 부탁할게."

"이번에는 들여보내지 않을게요."

이지가 한숨 섞인 음성으로 중얼거리며 객실 문을 향해 걸어갔다. 그녀가 문을 열었을 때, 그 앞에는 레니에가 아니라 월터스 감독이 서 있었다. 월터스가 이지의 어깨 너머로 그레이스를 힐끔거리며 걱정스럽게 물었다.

"실은 오후에 새크라멘토강에서 마지막 씬 촬영이 있거든. 여주인공이 꼭 참여해야 하는 촬영이라서 말이야."

"그레이스는 지금 촬영을 할 수 있는 상태가……."

고개를 가로젓는 이지의 뒤쪽에서 그레이스가 천천히 일어섰다.

"저도 촬영장으로 가겠어요, 감독님."

"그레이스, 정말 괜찮겠어요?"

걱정스럽게 묻는 이지를 향해 그레이스는 애써 미소 지었다.

"사랑은 사랑이고 일은 일이야. 언제까지 어두운 방구석에 숨어서 눈물만 흘리고 있을 순 없잖니?"

오후의 햇살이 푸른 강변을 환하게 비추었다. 널찍한 강변을 가로지르는 다리 한복판에 수십 명의 사람들이 모였다. 영화 '상류사회'의 마지막 씬을 촬영하기 위해서 모인 월터스 감독과 스태프, 그리고 주연배우인 그레이스 켈리, 프랭크 시나트라, 빙 크로스비였다. 이지도 그레이스의 곁에서 그녀를 걱정스럽게 지켜보고 있었다.

촬영을 지시하는 월터스를 향해 조감독이 헐레벌떡 달려왔다.

"감독님, 큰일났습니다."

"무슨 일인가?"

"그레이스 켈리의 대역을 맡은 엑스트라가 강물에 뛰어들지 못하겠다고 합니다."

"그게 무슨 소리야? 영화의 엔딩 씬이 강물에 빠진 여주인공을 그녀의 전남편이 구하러 뛰어드는 건데, 그걸 못하겠다면 어떻게 촬영을 할 수가 있나?"

"지난밤 폭우로 물살이 엄청 세졌답니다. 그래서 오늘은 도저히 못 뛰어내리겠다는데요."

"가뜩이나 일정이 늦어졌는데 정말이지 미치겠군."

그 말을 듣고, 잠시 고민하던 그레이스가 팔을 들었다.

"엑스트라 없이 제가 직접 하겠어요."

"직접?"

눈을 동그랗게 뜨는 월터스 감독을 향해 그레이스가 고개를 끄덕였다.

"이래봬도 고등학교 때까지 수영 선수였어요. 저 정도 강물쯤은 두렵지 않다고요. 게다가 밑에는 구조대원들을 태운 보트까지 있잖아요."

"그렇기는 하지만……."

망설이는 월터스 감독을 대신해 이지가 그레이스를 말렸다.

"안 돼요, 그레이스. 너무 위험하다구요."

"나 때문에 촬영 일정이 많이 늦어졌어. 그걸 만회해야지."

그레이스가 워낙 단호하게 나오자 이지도 더 이상은 말릴 수 없었다. 결국 촬영 카메라가 돌아가기 시작하고, 그레이스가 다리의 난간 위로 올라섰다. 강 상류 쪽에서 불어온 강한 바람에 그녀의 금발과 드레스가 깃발처럼 흩날렸다.

"그레이스……."

조마조마한 마음에 이지는 양손을 모아 쥔 채 위태롭게 서 있는 그레이스를 바라보았다. 바로 그 순간 그레이스의 상반신이 슬쩍 기울어지는가 싶더니, 몸이 다리 아래로 휙 떨어졌다.

"꺄아아악―!"

날카로운 비명을 지르며 추락하던 그레이스가 물보라를 일으키며 수면 아래로 처박혔다.

"커―트! 아주 좋았어!"

월터스 감독의 싸인이 떨어지자마자 거품이 마구 끓어오르는 수면을 향해 두 대의 보트가 빠르게 접근했다. 구조대원들은 그레이스의 모습을 찾으려고 그녀가 떨어진 지점을 뚫어져라 응시했다. 그런데 아무리 기다려도 그레이스는 나타날 기미가 보이지 않았다.

난간에 매달려 아래쪽을 보고 있던 이지가 월터스 감독을 돌아보았다.

"어떻게 된 일이죠?"

"그, 글쎄다. 나도 잘 모르겠구나."

시나트라와 크로스비도 불안한 얼굴로 외쳤다.

"구조대에게 빨리 강물로 뛰어들라고 하세요!"

"이러다가 정말 큰일나겠어요!"

월터스 감독이 난간 밖으로 얼굴을 내밀고 소리를 질렀다.

"켈리를 구해! 빨리빨리 서두르란 말이야!"

그러나 구조대원들은 움직이려고 하지 않았다. 생각보다 드센 물살에 그들도 겁을 집어먹은 것이다.

"이러다 그레이스가 정말 죽겠어요! 누가 제발 좀 구해줘요!"

이지가 발을 동동 구르며 비명을 지를 때 뒤쪽에서 귀에 익은 외침이 들려왔다.

"내가 해 줄게, 그레이스!"

다급히 돌아서는 이지의 눈에 슈트를 벗는 레니에의 모습이 보였다. 다리 난간을 향해 달려가는 레니에의 팔을 오나시스가 붙잡았다.

"안 됩니다, 전하! 전하처럼 물에 대한 공포심이 극심한 사람이 사나운 강물로 뛰어드는 건 자살행위예요!"

"그녀가 죽으면 어차피 내 인생도 없어!"

오나시스의 손을 거칠게 뿌리친 레니에가 말릴 새도 없이 강물을 향해 다이빙했다. 푸른 강물을 향해 뛰어드는 그의 모습을 이지와 월터스, 오나시스가 눈을 부릅뜨고 내려다보았다.

풍더엉-!

거대한 물보라를 일으키며 레니에가 강물 속으로 사라졌다.

뿌그르르…….

수면에 충돌할 때의 충격 때문에 거품을 마구 피워 올리며 가라앉던 레니에가 문득 정신을 차렸다. 주변을 정신없이 둘러보던 레니에의 눈에 저 아래 시커먼 강바닥을 향해 가라앉고 있는 그레이스의 모습이 보였다. 온몸을 축 늘어뜨리고 있는 것으로 보아 그녀는 이미 기절한 것 같았다.

'그레이스, 조금만 참아! 내가 구해줄게!'

레니에가 필사적으로 팔과 다리를 허우적거리며 그레이스를 향해 헤엄쳐갔다. 하지만 물살이 너무 세 앞으로 나가는 것 자체가 쉽지 않았다. 몸이 뜻대로 움직이지 않자 물에 대한 공포가 다시 스멀스멀 피어올랐다. 검푸른 물살이 거대한 물뱀처럼 자신을 휘감아 저 아래 시커먼 바닥으로 내동댕이칠 것만 같았다.

숨이 턱턱 막히는 것을 느끼며 수면으로 향하려던 레니에가 멈칫했다. 자신이 이대로 올라가버리면 그레이스를 구할 기회도 영영 사라질 것이다. 잠시 빛이 희미하게 번지는 수면과 검은 강바닥을 번갈아 쳐다보던 레니에가 이를 악물며 다시 그레이스를 향해 헤엄쳤다. 숨이 가빠지며 심장이 터질 듯 부풀어 올랐지만 레니에는 이번만은 절대로 멈추지 않고 계속해서 발을 찼다.

콰악!

마침내 그가 내뻗은 손이 그레이스의 뒷덜미를 낚아챘다. 그레이스를 한 팔로 끌어안은 레니에가 수면을 향해 빠르게 상승했다.

"푸후웁!"

그가 그레이스와 함께 수면 밖으로 얼굴을 내미는 순간, 보트에 타고 있던 구조대원들 사이에서 환호성이 터져 나왔다.

"와아~ 물 밖으로 나왔다!"

"저 남자가 그레이스 켈리를 구했어!"

"두 사람 다 끌어올려! 빨리!"

잠시 후, 그레이스는 강변으로 나왔다. 담요를 두른 채 부들부들 떨고 있는 그레이스를 이지가 와락 안으며 눈물을 터뜨렸다.

"흐흑~ 언니가 잘못되는 줄만 알았어요!"

그레이스가 이지의 등을 두드려주며 부드럽게 희미하게 미소 지었다. 월터스 감독과 시나트라, 크로스비 등도 그녀를 에워쌌다.

"그레이스, 무사해서 정말 다행이야."

"신께서 도와주셨어."

그러나 그레이스의 눈은 다른 누군가를 찾고 있었다. 그녀의 시야에 오나시스의 부축을 받으며 저쪽에 세워진 승용차를 향해 절룩절룩 걸어가는 레니에의 뒷모습이 잡혔다. 그레이스가 사람들을 헤치고 냅다 달리기 시작했다. 이지도 그녀를 급히 쫓아갔다.

"그레이스, 어딜 가는 거예요?"

부르릉~

"당장 멈춰요!"

막 출발하는 승용차의 앞을 그레이스가 두 팔을 벌려 가로막았다. 그레이스를 쫓아온 이지도 얼결에 함께 막아섰다.

운전대를 잡은 오나시스 옆자리에 지친 얼굴로 앉아 있던 레니에가 밖으로 나왔다. 성난 눈으로 그의 얼굴을 째려보던 그레이스가 물었다.

"어디로 가는 거죠?"

"나는 모나코로 돌아갈 생각이오."

"어째서 날 구해주자마자 떠나는 거예요? 그럼 내가 동정이라도 할 줄 알았나요?"

잠시 침묵하고 있던 레니에가 착 가라앉은 소리로 답했다.

"내가 당신을 구했다고 해서 당신의 마음이 바뀔 거라고 믿지는 않소. 다만, 강물로 뛰어들면서 신께 이렇게 기도했지. 당신을 구할 수 있는 힘을 주신다면 더 이상 어떤 욕심도 부리지 않고 조용히 떠나겠다고 말이야. 신께서 내 기도에 응답해주셨으니 이제 나도 약속을 지키려는 것뿐이오."

"……."

입술을 파르르 떨고 있는 그레이스의 눈에서 예고도 없이 눈물이 주르륵 흘렀다. 그레이스가 레니에의 목을 격정적으로 끌어안았다.

"당신은 세상에서 가장 멍청한 남자예요! 이렇게 떠나버리면 내가 행복해질 수 있다고 생각했나요? 당신이 되찾아준 생명이니 당신이 평생 책임지도록 하세요!"

"그레이스 켈리…… 당신을 사랑하오."

레니에도 가늘게 떨리는 손으로 그레이스의 허리를 와락 안았다. 시간이 정지한 듯 서로를 으스러져라 안고 있는 두 사람을 지켜보며 이지도 코끝이 찡해지는 것을 느꼈다. 누군가를 진정으로 사랑하는 마음은 아무리 감추려고 해도 마른 대지를 뚫고 피어나는 새싹처럼 언젠가는 반드시 밝은 햇살 아래 모습을 드러낸다. 그리고 절망과 비탄에 잠겨 있던 착한 사람들에게 영원한 행복을 선사한다는 믿음이 이지의 가슴을 뿌듯하게 채웠다.

이지는 주노의 얼굴을 떠올렸다. 아무리 힘들고 어려워도 진실한 마음만 잃지 않는다면 그와의 사랑 또한 이루어질 것이라고 믿으며 이지는 푸근하게 미소 지었다.

5
세기의 결혼식

초가을의 화창한 오전, 세계에서 두 번째로 작은 지중해의 소국 모나코에서 그레이스 켈리와 레니에 3세의 결혼식이 거행되었다. 지중해의 에메랄드빛 바닷물이 넘실거리는 모나코 항구에는 세계 각국의 부호들이 몰고 온 화려한 요트들이 정박해 있었다. 그 항구 너머 야트막한 언덕을 따라 하얀색 주택들이 자리 잡은 도심에는 모나코 국기와 미국 국기, 프랑스 국기가 펄럭였다. 깨끗하게 정돈된 거리를 걸어 거의 모든 모나코 국민들이 언덕 꼭대기에 왕궁과 나란히 서 있는 대성당으로 향했다.

뎅~ 뎅~ 뎅~ 뎅~

아침 일찍부터 종소리가 쉬지 않고 울려 퍼지는 대성당에서 모든 국민들의 사랑을 한 몸에 받는 레니에 3세와 미국에서 건너온 아름다운 여배우 그레이스 켈리의 결혼식이 시작되었다. 모나코 국민들은 물론 유럽과 미국에서 건너온 수많은 하객들과 기자들이 미처 식장 안으로 들어가지 못한 채 대성당 주위를 겹겹이 에워쌌다. 모나코 국민들은 맹세컨대 이렇게 많은 사람들이 자신들의 작은 나라로 한꺼번에 몰려든 것을 본 적이 없었다. 국왕이 미국에서 제일 유명한 배우와 결혼하면 모나코가 더 이상 프랑스의 간섭을 받지 않고 잘 사는 나라가 되리란 풍문이 아무래도 사실일 것 같다고 생각하며 국민들은 희망 섞인 시선으로 대성당의 첨탑을 올려다보았다.

대성당 안에서 파이프오르간 소리가 장중하게 울려 퍼졌다. 오르간 소리에 맞춰 성가대 소년들이 천사 같은 목소리로 신의 축복을 찬양하는 노래를 불렀다. 청아한 노랫소리에 맞춰 이 결혼식을 위해 그리스에서 직접 공수해 온 최고급 대리석이 깔린 성당 안쪽으로 레니에와 그레이스가 천천히 입장했다. 레니에는 훈장이 주렁주렁 달린 군복 차림이었고, 그레이스는 얼마 전 렉싱턴 호텔에서 입어본 기품이 흐르는 흰색 실크 드레스 차림이었다.

면사포로 가려진 너머로 희미하게 비치는 그녀의 얼굴은 더욱 신비스러운 매력을 발산했다. 왼손 약지손가락에 낀 12캐럿 다이아몬드 반지와 목에 건 같은 12캐럿 사파이어 목걸이, 팔목에 두른 열두 개의 3캐럿 다이아몬드가 박힌 팔찌는 그레이스의 아름다움이 더욱 돋보이도록 도와주었다. 운 좋게도 성당 안으로 입장할 수 있었던 각국 신문사의 기자들이 이 세기의 부부를 찍기 위해 카메라 플래시를 터뜨릴 때마다 하얀 연기가 치솟았다.

　매캐한 연기가 성당을 가득 메운 하객들 사이로 퍼졌지만 장중한 분위기에 압도당한 하객들 중 누구도 불편한 내색을 비치지 않았다. 하객들 제일 앞줄에는 모나코 왕실 식구들과 국무장관인 스테판 남작을 비롯한 다섯 명의 행정위원들, 그리고 프랑스 내무장관, 외무장관, 문화장관 등이 앉아 있었다. 그 다음 줄에는 프랑스 주재 미국 대사와 세 명의 미국 국회의원, 미국 기업인들이 보였다. 그리고 그 뒤쪽으로 할리우드의 유명 감독들과 배우들이 흥분된 눈빛으로 그레이스의 모습을 지켜보았다.

　성가대의 찬송가에 화답하는 신의 계시 같은 햇살이 환하게 번지는 돔형의 성당 천장을 우러르며 이지가 감탄사를 발했다.

　"어쩜~ 이렇게 아름답고 이렇게 성스러운 결혼식은 처음이에요. 마치 세상 전체가 그레이스를 축복해주는 것 같아요."

　시나트라가 이지를 돌아보며 한쪽 눈을 찡긋했다.

　"그래서 사람들이 이 결혼식을 세기의 결혼식이라 부르는 것 아니겠니? 이 성당 안에만 해도 내가 알고 있는 미국의 거의 모든 신문사 기자들이 모여 있는 것 같더구나."

　이지가 뿌듯하게 고개를 끄덕였다.

　"예, 맞아요. 이 결혼식이야말로 역사에 길이 남는 세기의 결혼식이 될 거예요."

　마침내 레니에와 그레이스가 대주교 앞에 나란히 섰다.

"자, 다 같이 기도합시다. 하늘에 계신 아버지시여……"

예복을 차려입은 대주교가 먼저 신랑과 신부의 머리 위로 손을 내뻗으며 축복의 기도를 올렸다. 레니에와 그레이스도 경건한 표정으로 대주교를 따라 나직이 기도문을 중얼거렸다.

기도를 마친 대주교가 싱긋 미소 지으며 그레이스를 보았다.

"신부."

"예."

"그대는 남편을 평생 사랑하고 존경할 것을 신 앞에 맹세합니까?"

"예, 맹세합니다."

"신랑."

"예."

"그대는 신부를 평생 사랑하고 보호할 것을 신 앞에 맹세합니까?"

"예."

대주교가 만면에 미소를 지으며 선언했다.

"이것으로 신랑과 신부는 부부가 되었습니다."

레니에와 그레이스가 서로를 향해 마주섰다. 애정과 신뢰가 가득 담긴 눈으로 서로를 응시하던 두 사람의 얼굴이 천천히 가까워졌. 신랑과 신부가 입맞춤을 하는 순간, 사방에서 다시 플래시가 번뜩였다. 두 사람을 향해 모든 하객들이 열렬히 박수치며 환호를 보냈다. 이지가 누구보다 열렬히 손뼉을 마주쳤음은 물론이다.

잠시 후, 예식을 마친 신랑과 신부가 하객들과 함께 성당 밖으로 나왔다. 순간 성당 앞 광장을 가득 메우고 숨을 죽인 채 기다리던 모나코 국민들과 세계 각지에서 몰려든 수많은 하객들이 일제히 환호성을 보냈다.

"와아아!"

"레니에 3세 만세!"

"그레이스 켈리 왕비 만만세!"

미처 안으로 들어가지 못하고 대기 중이던 수백 명의 기자들이 플래시를 터뜨리며 신랑과 신부에게 조금이라도 더 가까이 가려고 북새통을 이루었다. 이때 오나시스가 다가와 레니에의 팔을 끌어당겼다.

"전하, 마차에 오르실 시간입니다."

레니에가 돌아보자 눈처럼 흰 네 마리의 말이 끄는 오픈 마차가 대기하고 있었다.

"갑시다, 그레이스."

레니에가 그레이스를 부축하며 마차에 올랐다. 오나시스가 직접 고삐를 잡았다. 이때 그레이스가 불안한 듯 주위를 두리번거렸다.

"그런데 이지는 어디에 있죠?"

"저, 여기 있어요."

동시에 이지가 마차 위로 훌쩍 뛰어올랐다.

"그럼 출발합니다. 끼럇~"

마침내 레니에 3세와 그레이스 켈리를 태운 마차가 수많은 인파를 뚫고 움직이기 시작했다. 수천 명이나 되는 사람들이 마차를 에워싼 채 따라왔기 때문에 마차는 매우 느리게 시내를 돌 수밖에 없었다. 거리에 늘어선 수많은 시민들과 관광객들이 세상에서 가장 아름다운 신랑과 신부를 향해 꽃을 던지며 환호했다. 도심 건물의 옥상에선 국왕과 왕비를 축복하기 위해 꽃가루를 뿌렸다. 눈처럼 날리는 꽃가루를 맞으며 레니에와 그레이스는 국민들과 관광객들 그리고 끈질기게 쫓아오며 사진을 찍어대는 기자들을 향해 우아하게 손을 흔들어주었다.

"와아~ 정말 환상적인 결혼식이에요!"

꽃가루가 흩날리는 허공을 향해 양팔을 벌리며 이지가 환하게 미소 지었다.

"사랑해, 그레이스."

"사랑해요, 레니에."

레니에와 그레이스가 가볍게 입을 맞추자 사방에서 플래시가 터졌다.

깡마른 체격에 백발을 단정하게 빗어 넘겨 완고한 인상을 풍기는 스테판 남작이 대성당 앞 언덕 끝에 서서 환호 속에 도심을 행진하는 국왕과 왕비를 굽어보았다. 간신히 화를 참고 있는 듯 그의 주름진 볼이 씰룩거렸다.

"오나시스와 레니에에게 깨끗이 당했어. 이렇게 되면 레니에 3세를 마지막으로 모나코를 우리 프랑스에 병합시키려는 계획은 차질을 빚을 수밖에 없다."

"차라리 사고를 위장해 왕비를 없애버리면 어떨까요?"

이때 누군가 스테판 남작 뒤쪽으로 다가와 속삭였다. 휙 돌아서는 스테판 남작 앞에 페도라를 눌러쓴 발몽이 고개를 숙였다. 스테판 남작이 그의 정강이를 냅다 걷어찼다.

"멍청한!"

"으윽!"

"저기 모여 있는 수많은 관광객들과 기자들이 보이지도 않나? 이미 이 결혼식은 세계적인 축제가 되고 말았어. 이럴 때 왕비가 사고를 당한다면 세상 전체가 우리 프랑스를 의심할 것이다."

"죄, 죄송합니다."

스테판 남작은 다시 이글거리는 눈으로 항구로 향하는 마차를 노려보았다.

"지금으로선 저 여배우가 더 이상 국민들이나 관광객들로부터 인기를 누리지 못하도록 막는 게 최선이다."

오나시스의 예상대로 레니에 3세와 그레이스 켈리의 결혼식은 어떤 영화보다 흥행대박을 터뜨렸다. 다음 날 전 세계의 모든 신문사들이 이 역사적인 결혼식 사진을 일면에 실었다. 그런 나라가 존재하는지조차 잘 몰랐던 사람들은 모나코에 대해 궁금해 하기 시작했고, 아름다운 왕과 왕비가 살고 있는 나라에 한 번이라도 가보기를 소원했다.

특히 아카데미 여우주연상을 받은 여배우에서 일국의 왕비가 되어 신데렐라 스토리를 완성한 그레이스 켈리에 대한 인기는 대단했다.

그녀는 결혼식에서 입었던 실크 드레스와 몸에 걸친 보석들 덕에 유럽과 미국의 모든 상류층 신부들에게 동경의 대상이 되었고, 그레이스 켈리식 화장법과 헤어스타일이 전 세계적으로 유행하게 되었다. 그녀가 들었던 에르메스 백은 '켈리백'이란 이름으로 세계로 팔려 나갔고, 구두는 '켈리구두'라 불리며 선풍적인 인기를 끌었다. 그녀가 즐겨 입었던 체크 무늬 원피스, 트렌치코트, 울 소재의 모자는 물론 가죽장갑까지 '켈리룩'이라는 이름이 붙어 유행을 추구하는 세계 모든 아가씨들의 열광적인 지지를 받았다. 가히 모나코의 왕비 그레이스 켈리가 세계를 움직인다 해도 과언이 아니었다.

세계가 열광하고 있었지만 결혼식 이후 그레이스 켈리는 차분하게 지냈다. 그녀는 영화 출연은 물론 바깥 출입조차 삼간 채 조용히 레니에 3세를 내조했다. 모나코에는 그녀를 보기 위해 숱한 관광객들과 기자들이 진을 치고 있었지만 왕비의 모습을 구경하는 것조차 힘들었다. 그만큼 그녀는 자신이 언론의 주목을 받는 걸 피한 채 지중해가 내려다보이는 아름다운 궁에서 대부분의 시간을 보냈다.

그레이스의 이러한 신비주의는 오히려 그녀에 대한 세계적인 관심을 지속시키는 데 긍정적인 효과를 발휘했다. 인기를 멀리하고 국왕을 위해 헌신하는 왕비의 품위 있는 모습에 모나코 국민들은 물론 전 세계인들이 열렬한 사랑과 지지를 보냈다.

월터스 감독과 시나트라, 크로스비는 물론 수많은 할리우드 스타들이 모나코의 아름다운 해변에서 여름 휴가를 즐겼다. 이 사진은 다시 세계 곳곳으로 퍼져 더 많은 관광객들을 불러들이는 역할을 했다. 레니에와 그레이스 부부는 유럽 각지를 돌며 환상적인 관광지 모나코를 직접 홍보하기도 했다.

미국과 유럽의 스타들과 부호들은 아예 모나코에 별장을 소유했다. 모나코에 별장을 소유하는 것이 유행처럼 번졌고, 월터스 감독과 시나트라, 크로스비도 그런 사람들 중 하나였다. 바야흐로 모나코를 관광 대국으로 만들어 프랑스의 간섭에서 벗어나겠다는 국왕 부부의 꿈은 이루어지는 듯이 보였다.

하지만 딱 거기까지였다.

지중해풍으로 하얗게 칠해진 동화 속의 궁전처럼 아름다운 왕궁의 널찍한 테라스에서 레니에와 그레이스 그리고 이지와 오나시스는 둘러앉아 저녁식사를 했다. 노을에 물든 초봄의 하늘과 그 아래 붉은 빛깔로 출렁이는 바다는 한 폭의 풍경화처럼 아름다웠다. 하지만 식탁의 분위기는 침울했다.

식탁 주변을 돌며 시중을 들던 에이프런 차림의 메이드가 국왕 부부와 오나시스의 잔에 차례로 커피를 따라주었다. 그리고 이지에게는 오렌지 주스를 주었다.

"고마워요."

어느새 친해진 메이드에게 이지가 친근하게 미소 지었다. 이때 레니에가 한숨 섞인 음성으로 중얼거렸다.

"관광객의 숫자가 더 이상 늘지 않아 걱정이야. 이 정도로는 모나코를 관광 강국으로 만들 수 없어. 무슨 방법이 없을까?"

"꼭 한 가지 방법이 있긴 있습니다."

커피를 홀짝이며 오나시스가 툭 내뱉었다.

"그게 뭐지? 빨리 말해보시오."

잠시 뜸을 들이며 이지와 그레이스의 얼굴을 번갈아 쳐다보던 오나시스가 의미심장하게 미소 지었다.

"세금을 없애는 겁니다."

"뭐라고……?"

레니에의 눈이 휘둥그레졌다.

"아시다시피 요즘은 미국과 유럽 각국이 세금을 점점 높이는 추세입니다. 이럴 때 우리가 모든 관광객과 이주민들에게 일체의 세금을 부과하지 않겠다고 선언한다면 어떻게 될까요? 그렇잖아도 모나코의 온화한 기후와 아름다운 풍광에 매료되어 있던 미국인들과 유럽인들이 구름처럼 몰려들지 않을까요?"

"흐음……."

골똘히 생각에 잠겨 있던 레니에 옆에서 그레이스도 고개를 끄덕였다.

"좋은 생각인 거 같아요."

하지만 레니에는 끝내 고개를 가로저었다.

"불가능한 일이오."

"어째서요?"

"모나코의 재정은 철저히 카지노와 관광산업을 통해 거둬들인 세금에 의지하고 있소. 그게 사라지면 당장 나라를 움직일 수가 없게 된단 말이오."

오나시스가 커피잔을 내려놓으며 반박했다.

"하지만 조금만 참으면 더 많은 돈을 벌게 될 겁니다. 더 많은 관광객들과 이주민들이 몰려와 돈을 뿌려댈 테니까요."

"그렇더라도 스테판 남작이 동의할 리가 없지. 그는 모나코에 너무 많은 외지인들이 들어오는 것 자체를 못마땅하게 생각하고 있으니까."

"확실히 그렇겠군요."

그레이스도 결국 레니에의 말에 동의했다. 가만히 그들의 얘기를 듣고만 있던 이지가 불쑥 물었다.

"세금 폐지 여부를 결정하는 건 남작의 권한인가요?"

"공식적으로는 행정위원회의 다섯 행정위원들이 결정할 사항이야. 하지만 그들 모두는 스테판 남작의 말이라면 꼼짝도 못 하지."

"예전부터 궁금했는데, 그 행정위원들은 남작처럼 프랑스 출신인가요?"

"아니. 그들은 선왕이신 루이 2세 때부터 충성을 바쳐온 모나코인들이야."

"선왕 때부터 충성을 바쳐왔단 말이죠?"

"응."

눈을 반짝 빛내는 이지를 이상하다는 듯 쳐다보며 레니에가 고개를 끄덕였다.

"흐음……."

골똘히 생각에 잠겨 있던 이지가 다시 물었다.

"그 사람들의 선왕에 대한 충성심은 진심이었을까요?"

"아마도 그럴 거야. 사실 그들은 가난한 집안 출신인데, 선왕께서 자비를 들여 프랑스나 스위스로 유학을 보내셔서 관리로 만들었지. 그래서 나보다는 조부에 대한 충성심이 훨씬 깊어."

"흐음…… 그렇다면 그들을 설득해서 관광산업에 대한 세금 폐지를 결정하도록 만들 수 있지 않을까요?"

"아마 힘들 거야. 선왕 시절이라면 모르지만 지금은 프랑스의 눈치나 살피는 비겁자들이 되어버렸거든."

"전하께 충성할 수 없다면 선왕인 루이 2세 전하라면 어떨까요? 그분이 나타나 직접 명령을 내린다면요?"

"그게 무슨 말도 안 되는……?"

황당한 표정을 짓는 레니에와 오나시스의 얼굴을 똑바로 쳐다보며 이지가 씨익 웃었다.

"마지막으로 한 가지만 더 물을게요. 전하는 조부이신 루이 2세 전하와 많이 닮았나요?"

"왕실 식구들이 말하길, 젊은 시절의 조부와 완전 판박이 같다고 하더군."

"그럼 됐어요."

이지가 손가락을 튕기며 의미심장하게 웃었다.

"내일 밤, 다섯 명의 위원들을 궁으로 초대하세요. 그들은 분명 전하의 세금 폐지안에 찬성하게 될 거예요."

"……?"

자신만만하게 호언장담하는 이지의 말에 레니에와 그레이스, 오나시스는 어리둥절한 눈으로 서로의 얼굴을 마주보았다.

다음 날은 오전부터 비가 내렸다. 창문을 열고 짙은 회색빛 하늘과 사납게 출렁이는 바다를 내다보며 이지는 환호성을 질렀다.

"꺄아~ 정말이지 완벽한 날씨야!"

"대체 무슨 일을 꾸미고 있는 거니, 이지?"

"우리한테 살짝 귀띔해주면 안 될까?"

비가 내려 축축 처지는 날씨를 보고서 환호하는 이지를 보고 레니에와 그레이스가 의아한 듯이 물었다. 이지는 국왕 부부를 향해 빙글 돌아서서 자신만만하게 웃었다.

"밤이 되면 자연히 알 게 될 테니, 조금만 기다려주세요."

이지는 뭐가 그리 신이 나는지 방안을 빙글빙글 돌다가 우뚝 멈춰서서 그레이스에게 물었다.

"월터스 감독님과 스태프들은 아직 모나코에 머물고 있죠?"

"감독님은 아예 이곳에 별장을 장만하지 않았니. 그곳에서 다 같이 휴가를 즐기는 모양이더라."

"그 스태프들 중에 혹시 분장사도 있어요?"

"할리우드 최고의 분장사들이 있지. 그런데 분장사들은 갑자기 왜?"

"일단 그 분장사들부터 불러주겠어요? 물론 분장 장비를 몽땅 가지고 오라 전해주시고요."

"으음……."

눈을 가늘게 뜨고 이지의 얼굴을 보던 그레이스는 의문을 누르며 천천히 고개를 끄덕였다.

"알았어."

월터스 감독이 두 명의 분장사를 데리고 왕궁에 도착한 것은 점심 무렵이었다.

"여어~ 이렇게 비가 쏟아지는 날 갑자기 왜 분장사들을 데려와 달라는 거지? 설마 화장을 고치려는 건 아니겠지?"

"그것이……."

그레이스는 선뜻 대답하지 못하고 옆에 서 있는 이지를 돌아보았다. 이지가 월터스 감독을 무시한 채 분장사들을 향해 물었다.

"예를 들어, 부자관계처럼 매우 닮은 두 사람을 분장을 통해 완전히 똑같은 사람처럼 보이도록 만들 수 있나요?"

분장사들이 대수롭지 않다는 듯 고개를 끄덕였다.

"물론이지."

"우린 닮지 않은 사람도 그렇게 만들곤 하는걸."

"좋아요, 그럼 절 따라오세요."

이지가 휙 돌아서서 일 층 홀 안쪽으로 걸음을 옮겼다. 홀에서는 오나시스가 하인들과 메이드들을 시켜 창고에서 꺼내온 고가구들을 옮기느라 분주했다.

"빨리빨리 서둘러! 어이, 선왕이 쓰시던 그 테이블에 흠집을 내면 쫓겨날 줄 알아!"

월터스 감독이 그레이스의 옆으로 따라붙으며 물었다.

"대체 이지가 무슨 일을 벌이고 있는 거야?"

"나도 잘 모르겠어요. 뭔가 대단한 일을 벌이려는 것 같은데 도통 말을 해주질 않네요."

"하여튼 애늙은이 같은 녀석이라니까."

기다란 복도 끝 방문을 열고 들어가는 이지를 따라 들어간 월터스와 그레이스는 소스라치게 놀라고 말았다. 방 한복판에 놓인 테이블 중앙에 레니에 3세가 쑥스러운 표정으로 앉아 있었다. 그는 선왕인 루이 2세의 오래된 군복을 입고 있었는데, 그의 어깨 너머 벽 위쪽에 백발이 성성한, 완고해 보이는 노인이 지금 레니에 2세가 입고 있는 것과 똑같은 군복 차림으로 정면을 쏘아보고 있는 큼직한 초상화가 걸려 있었다. 백발과 깊은 주름만 아니라면 노인은 레니에 3세와 무척 닮아 있었다.

그레이스가 가늘게 떨리는 손가락으로 초상화 속의 노인을 가리켰다.

"저분은 혹시……?"

레니에 3세가 어색하게 웃으며 고개를 끄덕였다.

"선왕이자 조부이신 루이 2세 전하시오."

그레이스가 눈을 부릅뜨고 이지를 휙 돌아보았다.

"이지, 너 설마……?"

"맞아요. 나는 오늘 밤 레니에 3세를 루이 2세로 만들 거예요. 그리고 부활한 루이 2세로 하여금 다섯 명의 행정위원들에게 직접 명령을 내리도록 할 거예요."

"오, 맙소사……!"

그레이스가 기절할 것 같은 표정을 지었다.

쏴아아.

아침부터 시작된 비가 밤이 깊도록 계속 내렸다. 굵은 빗줄기를 뚫고 승용차 두 대가 왕궁 앞에 멈춰 섰다. 커다란 우산을 받쳐 든 오나시스가 재빨리 달려와 승용차 뒷문을 열어주었다.

"어이구~ 무슨 비가 이리 오누?"

"이런 밤에는 돌아다니지 않는 게 상책인데."

다섯 명의 늙은 행정위원들이 툴툴거리며 차에서 내렸다. 그들 중 가장 나이가 많은 자비에가 현관을 향해 걸음을 옮기며 오나시스에게 물었다.

"전하께서 이 밤중에 왜 우릴 찾으신다던가?"

"저도 잘 모릅니다."

"전하와 늘 붙어 지내는 자네도 모른다고?"

"그렇습니다."

"그것 참 이상한 일이군."

자비에가 의심스런 듯 중얼거리며 오나시스를 따라 현관 안으로 들어갔다. 일 층 널찍한 홀은 신기하게도 칠흑처럼 어두웠다. 자비에와 다른 네 행정위원들이 어리둥절한 표정을 지었다.

"이보게, 오나시스. 궁 안이 왜 이리 어두운가?"

"전하께서 요즘 불면증에 시달리신다며 모든 등을 끄라고 명령하셨습니다."

"아무리 그렇기로 이렇게 어둡게 해놓다니."

못마땅하게 혀를 차는 자비에를 향해 오나시스가 홀 건너편 복도 입구를 가리키며 히죽 웃었다.

"저 복도를 따라 끝까지 가시면 전하께서 계시는 서재가 나올 겁니다."

"자네는 가지 않는가?"

"예, 행정위원 여러분들만 들어오라고 하셨습니다."

"그것 참……."

자비에와 행정위원들이 불만스런 얼굴로 복도를 향해 걸음을 옮겼다. 기다란 복도는 홀보다 더 어두웠다. 두 손으로 어둠을 더듬으며 조심스럽게 걸음을 내딛는 도중에 다섯 사람의 마음에는 조금씩 불안이 싹트기 시작했다. 자신들이 걷고 있는 복도가 지옥으로 통하는 동굴처럼 을씨년스럽게 느껴졌던 것이다. 당장이라도 눈앞의 어둠을 뚫고 저승사자가 튀어나올 것만 같았다.

"자비에 공, 조금 이상하지 않습니까?"

"뭐가요?"

"전하께서 왜 불까지 꺼놓고 우리를 부르셨을까요?"

"하실 말씀이 있다지 않습니까?"

"아무래도 심상치가 않아요. 나는 왠지 오늘 밤 무서운 일이 벌어질 것 같습니다."

식은땀을 흘리며 불안감을 감추지 못한 채 중얼거리는 네 행정위원들을 돌아보며 자비에가 짜증스럽게 말했다.

"쓸데없는 소리들 말고……"

우르릉- 꽝!

순간 뇌전이 번쩍하며 복도가 환해졌다. 동시에 복도 벽면에 줄지어 걸려 있는 액자들이 행정위원들의 눈에 띄었다. 그것은 그들 모두 잘 알고 있는 명화들이었다. 14~15세기 유럽의 유명 화가들이 그린 작품들로 모두 전대 국왕인 루이 2세가 애지중지하던 것들이었다.

행정위원들이 부들부들 떨며 자비에를 향해 말했다.

"저건 분명 루이 2세 전하의 애장품 아닙니까?"

"창고에 있어야 할 저 그림들이 왜 여기 걸려 있죠?"

"아무래도 뭔가 수상합니다."

자비에도 눈을 부릅떴다.

"그러고 보니 이곳은 루이 전하의 서재로 통하는 복도가 아닌가?"

행정위원들이 기절할 것 같은 얼굴로 비명을 질렀다.

"정말 그렇군요!"

"맙소사, 그걸 왜 몰랐을까?"

"지금이라도 도망칩시다! 루이 전하의 유령이 우릴 부르는 게 틀림없어요!"

"20세기에 유령 같은 게 어디 있단 말이오?"

자비에가 애써 마음을 다잡고 다시 걸음을 옮겼다. 하지만 그의 다리도 와들와들 떨리고 있었다. 마침내 영원히 나타나지 않을 것 같던 서재의 문이 눈앞에 나타났다. 자비에와 행정위원들이 문 앞에 서서 깊은 안도의 한숨을 몰아쉬었다. 자비에가 떨리는 손으로 노크를 했다.

똑똑.

"……"

방안에서는 아무런 기척도 없었다. 자비에가 다시 노크하며 국왕을 불렀다.

"전하. 레니에 전하. 소신들이 왔습니다."

"……"

여전히 반응이 없자 자비에가 지극히 불안한 얼굴로 천천히 문고리를 돌렸다. 문은 다행인지 불행인지 잠겨 있지 않았다.

끼이익.

쇠가 끌리는 기분 나쁜 소리와 함께 문이 천천히 열렸다. 잔뜩 긴장한 자비에와 행정위원들이 희미한 빛이 새어나오는 방 안으로 들어갔다.

쿵!

"허억!"

등 뒤에서 방문이 닫히자 자비에와 행정위원들은 숨을 훅 들이마셨다. 방은 굉장히 눈에 익었다. 먼지가 소복이 쌓인 양장본 책과 고풍스런 앤틱 가구들로 채워진 방은 옛날 그들이 루이 2세를 알현하던 바로 그 방이었다. 그리고 은촛대에서 여러 개의 촛불이 은은히 타오르는 기다란 테이블 끝자락 안락의자에 비스듬히 앉아 있는 사람은 루이 2세가 분명했다.

루이 2세가 언제나처럼 이글거리는 눈으로 자비에를 쏘아보며 콱 잠긴 소리로 말했다.

"자비에, 자네도 다른 친구들처럼 많이 늙었군그래."

제일 먼저 무릎을 꿇은 사람은 유령의 존재를 믿지 않는다고 장담했던 자비에 본인이었다.

"전하, 돌아오셨군요!"

다른 행정위원들도 앞다퉈 무릎을 꿇었다.

"루이 2세 전하를 뵈옵니다!"

"다시 뵙게 되어 영광입니다, 전하!"

핏발선 눈으로 자비에들을 지그시 바라보던 루이 2세가 말을 이었다.

"내가 먼 길을 돌아 자네들을 찾아온 건 부탁할 일이 있어서야."

자비에가 고개를 처박았다.

"무엇이든 하명만 하십시오."

"나의 손자인 레니에가 모나코를 관광대국으로 만들려 한다는 사실을 알고 있을 거야."

"물론입니다."

"손자는 목적을 이루기 위해 모나코로 오는 모든 관광객과 이주민들에게 부과되는 세금을 없애려고 한다."

"그, 그건……."

당황한 자비에가 고개를 쳐들었지만 루이 2세는 할 말을 계속했다.

"짐은 짐의 충성스런 신하들이었던 그대들이 내 손자인 레니에에게도 변함없이 충성을 바치리라 믿어 의심치 않는다."

"……."

자비에와 행정위원들이 곤혹스런 눈으로 선대 국왕의 얼굴을 응시했다. 창백한 얼굴로 자신들 앞에 근엄하게 앉아 있는 국왕은 루이 2세가 분명했다. 그리고 행정위원들에게 선대 국왕의 명령을 거역할 용기 따윈 없었다. 비록 모나코를 실질적으로 지배하고 있는 프랑스가 반대한다 해도 말이다.

자비에가 결국은 루이 2세를 향해 공손히 머리를 조아렸다.

"뜻을 받들겠나이다."

한편, 문 밖에선 오나시스와 이지가 방안의 동정을 엿들으며 회심의 미소를 짓고 있었다.

'이지 녀석, 제법이란 말씀이야.'

6
카지노 습격사건

다음 날 아침이 되자 끈질기게 내리던 비가 그쳤다. 지중해의 하늘과 바다의 빛깔은 더욱 선명해졌다. 바다 쪽에서 불어온 상쾌한 해풍이 완만한 언덕에 자리 잡은 하얀 주택들과 왕궁을 스치고 지나갔다.

왕궁에서 얼마 떨어지지 않은 모나코 행정청에선 이른 시간부터 회의가 열렸다. 국왕인 레니에 3세와 그레이스 켈리 왕비가 소집을 요구한 긴급회의였다. 기다란 테이블 양쪽 끝에 국왕 부부와 스테판 남작이 마주앉았다. 그리고 그 사이에 자비에를 비롯한 다섯 행정위원들이 자리하고 있었다.

국왕의 목소리에 귀를 기울이던 스테판 남작의 얼굴이 험악하게 일그러졌다.

"방금 뭐라고 하셨습니까, 전하?"

"우리 모나코에 입국하는 모든 관광객과 이주민들에게 부과되는 세금을 없애자고 말했소."

"하하!"

스테판 남작이 기가 막힌 듯 실소했다.

"전하, 제정신이십니까? 그럼 이 나라는 어떻게 유지한단 말입니까?"

그레이스 켈리가 재빨리 끼어들었다.

"세금이 없어지면 관광객과 이주민들이 늘어날 거예요. 부유한 그들이 돈을 쓰기 시작하면 모나코는 더 부유해질 수 있어요."

"역시 왕비님이셨군요."

"예?"

스테판 남작의 눈이 적의로 번뜩였다.

"전하께서는 이렇게까지 무모한 분이 아니셨습니다. 그런데 왕비님을 만나고 나선 참으로 이상하게 변해버리셨죠. 왕비님이 전하 곁에서 끊임없이 충동질을 하고 있다는 사실을 저는 잘 알고 있습니다."

"무엄하오, 남작!"

레니에가 주먹으로 테이블을 내리쳤지만 남작은 눈도 깜빡하지 않았다.

"어쨌든 저는 세금을 없애는 정책에는 절대로 동의할 수 없습니다."

"그건 남작이 아니라 여기 있는 행정위원들이 결정할 문제요."

레니에가 단호하게 응수했다.

"설마 행정위원들을 믿고 계신 겁니까?"

남작이 자비에를 비롯한 행정위원들을 가리키며 자신만만하게 웃었다.

"그럼 어디 한 번 다수결로 의견을 물어보시죠."

"좋소."

레니에가 고개를 끄덕이며 행정위원들을 둘러보았다.

"자, 여러분. 나와 왕비가 모나코를 살릴 수 있는 방법을 생각해냈소. 우리의 계획에 찬성하는 분들은 손을 들어주시오."

"……."

행정위원들은 아무런 반응도 보이지 않았다. 그들은 석상처럼 가만히 앉아 정면만 뚫어져라 응시했다. 스테판 남작이 그럴 줄 알았다는 듯이 씨익 웃었다. 바로 그때 자비에가 천천히 오른손을 들어올렸다.

"나는 국왕 전하의 의견에 찬성합니다."

"자비에, 당신 미쳤소?"

남작이 자비에를 돌아보며 황당한 듯 외쳤다. 그럴 것이 자비에는 프랑스에 가장 우호적인 행정위원이었기 때문이다. 그런데 자비에뿐이 아니었다. 나머지 위원들도 차례로 손을 들어 올리는 것이 아닌가.

"나도 찬성이오."

"나도."

"나 역시."

그제야 남작은 무언가 일이 잘못됐음을 깨닫고 눈을 부릅떴다.

"이, 이놈들이 작당을 했구나."

레니에 3세가 강렬한 시선으로 스테판 남작을 쳐다보았다.

"잊지 마시오, 남작. 우리 모나코는 비록 작은 나라지만 그 정신만은 아직 살아 있다는 사실을 말이오."

"끄으으……."

스테판 남작이 이를 갈아붙이며 국왕 부부를 노려보았다. 하지만 그의 섬뜩한 시선은 레니에가 아니라 그레이스를 향하고 있었다.

'나는 알고 있어. 이 모든 음모가 왕이 아니라 저 여배우의 머리에서 나왔다는 사실을.'

세금 면제는 관광 산업 발전에 확실히 도움이 되었다. 미국과 유럽의 부호들이 앞다퉈 모나코로 몰려들었다. 그들은 단 며칠의 관광을 계획하고 모나코에 입국했다가 별장을 장만하고, 요트를 사들였다. 모나코의 해변과 거리는 늘 외국인 관광객들로 넘쳐났다. 겨울에도 평균 기온이 20도가 넘을 정도로 온화했기에 사시사철 예외는 없었다.

행정청 자신의 집무실 창가에 서서 스테판 남작은 관광객들과 그들을 상대하는 모나코 상인들로 흥청거리는 한낮의 거리를 굽어보았다. 그의 입에서 불만 섞인 신음이 새어나왔다.

"아직 봄인데도 관광객들로 넘쳐나는군."

"세금 면제 정책은 일단 성공을 거둔 것 같습니다. 자비에 위원의 말에 의하면 관광객 급증으로 인한 수입이 훨씬 크다고……."

"그래서 즐거운가?"

"!"

스테판 남작이 날카로운 눈으로 돌아보자 부동자세로 서 있던 발몽이 움찔했다.

"저, 저는 다만 사실대로 보고를 드리려고……."

"우리 프랑스의 대 모나코 정책의 최종 목표가 무엇이라고 생각하나?"

"그야……."

남작의 눈빛이 살벌해졌다.

"모나코의 완전한 합병이다. 그런데 관광객과 이주민들이 많아지면 강제로 왕좌를 빼앗는 일 따윈 할 수가 없어."

"그, 그렇군요."

"왕실에 대한 감시를 강화하라. 여기서 더 밀리면 모나코 합병은 영영 물거품이 되어버린다."

"옙, 레니에 3세를 철저히 감시하겠습니다."

차렷 자세를 취하는 발몽을 향해 남작이 코웃음을 쳤다.

"레니에 3세가 아니야."

"그럼 누구를……?"

"그레이스 켈리. 그 여자를 감시해라. 내가 보기엔 왕비가 몇 배 위험한 인물이야."

"명심하겠습니다."

여름이 가까워지면서 관광객은 더욱 많아졌다. 프랑스 해안가에

붙어 있는 작은 소국 모나코는 점점 더 유명해졌고, 국민들의 수입도 조금씩 늘어났다. 나라 밖에서나 나라 안에서나 모나코의 왕비 그레이스 켈리의 인기는 높아져만 갔다.

왕비의 눈동자 빛깔을 닮은 지중해를 비추는 햇살이 점점 강렬해지는 초여름 어느 날, 레니에와 그레이스, 이지가 모처럼 해변으로 나왔다. 오랜만에 모나코를 방문한 친구들과 해수욕을 즐기기로 했기 때문이다.

"여어~ 그레이스, 오랜만이군."

"이지는 얼굴이 새카맣게 탔구나."

월터스 감독을 따라오며 반갑게 손을 흔드는 사람은 시나트라와 크로스비였다. 두 사람 모두 헐렁한 반바지에 시원한 셔츠 차림이었다.

그레이스가 두 남자와 차례로 포옹했다.

"반가워요, 크로스비. 시나트라, 잘 지냈죠?"

시나트라가 그레이스를 살짝 떨어뜨리며 짐짓 놀란 표정을 지었다.

"이거 참 신기하군. 우리 왕비님께선 어째서 볼 때마다 젊어지실까?"

레니에와 악수를 나누던 크로스비가 눈살을 찌푸렸다.

"이봐요, 시나트라. 여기 왕비님의 남편이 눈을 부릅뜨고 있다고요."

"설마 질투하시는 건 아니겠죠, 전하?"

"당연히 질투하고 있소. 저렇게 아름다운 아내를 두고 어떻게 질투하지 않을 수 있겠소?"

동시에 이지, 그레이스, 레니에, 그리고 월터스, 시나트라, 크로스비가 왁자하게 웃음을 터뜨렸다.

"핫하하하!"

"호호호!"

하얀 모래가 깔린 해변에 파라솔을 펼치고 이지 등은 오후 내내 수영을 즐겼다. 중간에 오나시스가 맛있는 요리를 가져와 해변에 차려진 식탁에서 맛있게 나눠 먹기도 했다. 햇살은 따뜻하고, 바닷물은 깨끗했다. 멀리 아프리카 쪽에서 영혼을 위로하는 바람이 불어오곤 했다.

"아아~ 낙원이 따로 없구나."

썬 베드에 나른하게 누워 망고 주스를 마시며 이지는 중얼거렸다.

"나쁜 놈들, 천벌을 받을 것이다!"

오후의 평화를 깨뜨리는 외침이 들려온 것은 그때였다.

"켁켁……!"

주스를 마시다 사레가 들린 이지가 기침을 토하며 소리 나는 쪽을 돌아보았다. 웬 청년 하나가 검은색 페도라를 눌러쓴 남자 세 명에게 둘러싸여 있었다. 이지가 청년에게 관심을 가진 것은 그를 에워싼 건장한 남자들 때문이었다. 그들의 얼굴을 이지는 미국에서도 본 적이 있었다. 바로 할리우드 그리피스 공원에서 레니에와 그레이스를 공격했던 발몽의 일당들이었던 것이다.

세 남자들 중 매부리코가 날카로워 보이는 남자가 청년을 향해 눈을 부라렸다.

"이봐, 다치고 싶지 않으면 조용히 모나코를 떠나도록 해."

청년이 다시 악을 썼다.

"이대로는 절대 못 떠나! 내 돈을 돌려주지 않으면 너희들이 카지노에서 승률을 조작하고 있다고 폭로하겠어!"

"이 자식이 미쳤나?"

퍽!

"흐억!"

매부리코가 아랫배에 주먹을 꽂자 청년이 맥없이 쓰러졌다. 남자들이 두 팔로 머리를 감싼 청년을 짓밟았다.

"병신 같은 놈!"

"맛 좀 봐라!"

해변에서 일광욕을 즐기고 있던 관광객들이 불안하게 쳐다봤지만 누구도 나서서 말리려 하지는 않았다. 결국 이지가 달려가 청년의 앞을 막아섰다.

"그만해요!"

매부리코가 눈을 부라렸다.

"넌 또 뭐야? 혼나고 싶어?"

이지는 겁이 났지만 물러서지 않았다.

"아저씨들이야말로 사람을 이렇게 두들겨 패는 법이 어디 있어요?"

"이 녀석이 정말……!"

"꺄악, 도와줘요!"

매부리코가 막 이지의 멱살을 틀어잡으려는 순간 누군가 바람처럼 달려들었다.

"오나시스!"

매부리코의 손목을 움켜잡는 사람은 바로 오나시스였다. 오나시스가 매부리코의 팔을 확 끌어당기는가 싶더니 그대로 크게 넘겨버렸다.

쿵.

공중에서 한 바퀴 회전한 매부리코가 땅바닥에 등을 처박았다. 나머지 두 남자가 오나시스를 노리고 주먹을 휘둘렀다. 오나시스가 허리를 살짝 비틀어 남자들의 주먹을 피했다. 그리고 두 남자의 안면과 가슴에 연달아 주먹을 꽂았다.

"크흑!"

남자들이 비명을 지르며 차례로 엉덩방아를 찧었다.

오나시스가 이지의 앞을 막고 서서 당당하게 말했다.

"다치고 싶지 않으면 썩 물러가."

"쳇, 두고 보자."

두 남자가 매부리코를 부축한 채 도망쳤다. 이지가 살짝 감동한 눈으로 오나시스를 보았다.

"당신에게 이런 면이 있는 줄은 몰랐어요."

"후훗, 여자가 위험에 처했을 때 구해낼 수 있는 힘 정도는 있어야 바람둥이라고 할 수 있지."

"으이그~"

이지가 쓰러져 있던 청년을 부축해 일으켰다.

"괜찮아요?"

"고, 고맙다."

"그런데 저 아저씨들은 누구예요? 왜 오빠를 공격한 거예요?"

"저들은 저 언덕 위에 있는 모나코 최대의 카지노 몬테카를로의 경비원들이야."

"카지노 경비원들이 왜 오빠를 공격했어요?"

청년의 표정이 우울하게 변했다.

"나는 독일에서 온 여행객 칼이라고 해. 원래는 스페인을 여행할 생각이었는데, 작년 레니에 3세와 그레이스 켈리의 세기의 결혼식으로 유명해진 모나코로 여행지를 바꿨지. 그런데 재미삼아 들른 카지노에서 여행 경비를 몽땅 잃고 완전 빈털터리가 되고 말았어."

"휴우~ 그렇군요."

이지도 표정이 어두워지며 한숨을 쉬었다. 카지노에서 돈을 잃고 빈털터리가 된 관광객들을 숱하게 보아온 것이다.

"그러게 조심하지 그랬어요. 카지노에서 일확천금을 노리는 건 어리석은 짓이에요."

"나만의 잘못이 아니야!"

청년이 버럭 고함치자 이지가 멈칫했다.

"나는 몬테카를로 카지노에서 똑똑히 보았어."

"뭘 말이에요?"

"카지노 관리자들이 게임의 승률을 조작하는걸! 뿐만 아니라 카드 테이블에선 딜러들이 아무렇지도 않게 속임수를 쓰고 있어. 이런 식이라면 모나코는 머지않아 관광객들이 다시는 찾지 않는 저주받은 여행지가 되고 말 거야."

"그, 그럴 리가……?"

이지가 믿을 수 없다는 듯 오나시스를 돌아보았다. 오나시스는 입을 꾹 다문 채 아무 말도 하지 않았다. 이때 상황을 지켜보던 관광객들이 화난 표정으로 한 마디씩 했다.

"우리도 당했어."

"몬테카를로뿐 아니라 모나코에 있는 모든 카지노가 승률을 조작하고 있다구."

"항의라도 하면 방금 전처럼 프랑스 마피아들이 나타나 쫓아내버리지."

"카지노 때문에 다시는 모나코에 오지 않을 생각이야."

이지가 눈을 크게 뜨고 적의로 가득 찬 사람들의 얼굴을 둘러보았다.

"큰일이야. 이대로 가면 레니에와 그레이스의 그동안의 노력이 물거품이 되고 말 거야."

해질 무렵에 그레이스, 레니에, 이지, 그리고 오나시스, 월터스, 시나트라, 크로스비가 널찍한 왕궁의 식탁에 둘러앉았다. 대리석으로 만든 기다란 식탁 위에는 지중해의 해산물과 프랑스의 쇠고기로 만든 먹음직스런 정찬이 차려져 있었다. 화려한 샹들리에 불빛 아래서 열 명도 넘는 메이드들의 시중을 받으며 국왕 부부와 친구들은 와인까지 곁들여 식사를 했다. 오랜만에 친구들을 초대한 만찬이었지만 분위기는 무거웠다.

기계적으로 음식을 먹던 이지가 흥분을 이기지 못하고 손바닥으로 식탁을 내리쳤다.

"이대로는 안 돼요. 카지노에서 더 이상 속임수를 쓰지 못하도록 막아야 해요."

"으음……."

레니에가 선뜻 대답하지 못하고 신음을 흘렸다. 이지가 그런 레니에를 휙 째려보았다.

"전하는 반대하는 거예요?"

"그런 게 아니라……."

"그럼 왜 망설이는 건데요?"

오나시스가 냅킨으로 입가를 훔치며 대신 대답했다.

"모나코는 원래 카지노 국가야. 전하께서 결혼하시기 전부터 대부분의 관광객은 카지노 손님이었고, 현재에도 많은 관광객들이 카지노를 즐기고 있어. 관광객들과 이주민들에게 부과되는 세금을 면제할 수 있었던 것도 관광객이 늘수록 카지노에서 벌어들이는 수익도 늘어났기에 가능했던 것이지."

"그래서 카지노에는 손댈 수 없다는 거예요?"

이지가 도끼눈을 뜨고 오나시스를 째려보앗다.

"모나코의 카지노를 운영하고 있는 것은 프랑스 마피아야. 그들은 선왕 때부터 이 나라에 들어와 카지노 산업에 투자해서 지금의 성공을 일구었지. 그런 공로가 있기 때문에 전하도 카지노 산업에 대해서만큼은 그들의 권리를 인정해주고 계신 거야."

"아무리 그래도 속임수를 써서 관광객들을 빈털터리로 만드는 걸 두고 볼 순 없잖아요."

"물론 그렇지. 하지만 무턱대고 카지노 산업에 제재를 가할 수는 없어. 프랑스 마피아는 자신들의 사업을 방해하는 자들을 용서하는 법이 없거든. 우리가 자신들의 적이라고 판단하면 스테판 남작보다 무서운 적으로 돌변할지도 몰라."

"그, 그럴 수가……?!"

이때 오나시스와 이지의 대화를 묵묵히 듣고 있던 레니에가 확고한 표정으로 입을 열었다.

"그럼에도 불구하고 나는 카지노를 개혁할 생각이야."

오나시스가 흠칫 레니에를 돌아보았다.

"하지만 너무 위험합니다!"

그레이스가 레니에를 거들고 나섰다.

"전하는 이미 결심을 굳히셨어요. 오나시스도 전하를 도와주도록 하세요."

"으음……."

오나시스가 선뜻 대답하지 않고 불만스런 얼굴로 신음을 흘렸다.

이때 와인을 홀짝이던 월터스 감독이 끼어들었다.

"그렇다면 일단 카지노의 불법 행위가 기록된 장부부터 찾아내야겠군요."

"물론이오."

오나시스가 다시 회의적인 표정을 지었다.

"하지만 모든 카지노는 경비가 철통같단 말입니다."

"내가 모나코에서 가장 큰 몬테카를로 카지노로 가겠어요."

"……!"

식탁에 둘러앉아 있던 모든 사람이 눈을 부릅뜨고 그레이스를 보았다.

가장 먼저 레니에가 펄쩍 뛰었다.

"이런 위험한 일에 왕비를 개입시킬 순 없소!"

"이 일이 위험하기 때문에 더더욱 다른 사람한테 맡길 수 없는 거예요. 전하의 청혼을 받아들이면서 저는 전하뿐 아니라 모나코에 대한 책임을 다하겠다고 맹세했고, 이제 그 맹세를 지킬 때가 되었다고 믿고 있어요."

그레이스가 온화하게 미소 지었지만 그 온화함 뒤에 감춰진 단호함 때문에 레니에도 더 이상은 그녀를 말리지 못했다.

햇살 좋은 오후, 모나코에서 가장 유명한 몬테카를로 카지노 앞에 벤츠 승용차 한 대가 미끄러지듯 멈춰 섰다. 차문을 열고 황급히 뛰어내린 사람은 바로 오나시스였다. 그가 정중하게 뒷문을 열어주자 이지의 부축을 받으며 그레이스 켈리가 내렸다. 그녀는 일명 켈리룩이라 불리는 체크무늬 원피스에 베이지색 트렌치코트를 입고 울 소재의 모자를 쓰고 있었다. 그리고 켈리백이라 불리는 에르메스 가방을 들고, 켈리구두라 불리는 힐을 신은 모습이었다. 언제나처럼 왼손에는 12캐럿짜리 다이아몬드 반지가 끼워진 채였다.

절로 우아한 기품이 넘쳐흐르는 그레이스 켈리가 카지노의 문을 열고 들어가자, 넓은 홀을 가득 메운 채 소란스럽게 떠들고 있던 손님들과 딜러들 그리고 웨이트리스들의 시선이 일제히 그쪽으로 쏠렸다. 입을 헤 벌린 사람들 사이로 그레이스가 느리지만 당당하게 걸음을 옮겼다. 이지와 오나시스가 그런 그녀의 뒤를 따랐다.

이때 카지노 안쪽에서 턱시도 차림의 지배인이 헐레벌떡 달려나왔다. 지배인이 그레이스 앞에 우뚝 멈춰 서며 허리를 구십 도로 숙였다.

"저희 카지노를 방문해 주셔서 영광입니다, 왕비님."

"환대에 감사드려요."

희미하게 미소 짓는 그레이스의 얼굴을 힐끗 보며 지배인이 조심스럽게 물었다.

"그런데 어인 행차이신지……?"

"어인 행차라뇨? 카지노에 게임을 즐기러 왔지 왜 왔겠어요?"

"왕비님께서 도박을요?"

"왜요, 안 되나요?"

"아닙니다! 아닙니다! 제가 VIP 테이블로 안내해드리겠습니다."

지배인과 그레이스를 따라 카지노 안쪽으로 들어가며 이지는 내심 감탄했다. 눈부신 샹들리에 불빛 아래에서 정장을 입은 남자들과 드레스 차림의 여자들이 유쾌하게 웃으며 게임을 즐기고 있었다. 바니걸 차림의 늘씬한 아가씨들이 음료가 든 쟁반을 들고 손님들 사이를 누볐고, 한쪽에서는 흑인 밴드들이 경쾌한 재즈를 연주하며 손님들이 흥에 겨워 더 많은 돈을 쓰도록 부추기고 있었다. 카지노는 그야말로 돈만 있으면 무슨 일이든 가능할 별천지처럼 보였다.

하지만 한 구석에서는 돈을 잃은 사람들이 비탄에 잠긴 한숨을 흘리고, 불공정한 승부에 항의하는 사람들이 경비원들에게 끌려 나가는 모습도 보였다.

"정신 똑바로 차려."

"!"

나직한 목소리에 이지가 움찔했다. 오나시스가 정면을 응시한 채 이지에게만 들리도록 속삭였다.

"우린 지금 호랑이 아가리 속에 들어와 있다구."

"아, 알겠어요."

"굿 럭."

딜러가 테이블에 둘러앉은 그레이스와 다른 세 명의 신사에게 카드를 돌려주었다. 신사들은 게임보다는 그레이스에게 집중하고 있는 것 같았다. 그들뿐 아니라 카지노 안의 거의 모든 손님들이 카드 게임을 즐기는 왕비를 구경하기 위해 테이블 주변으로 몰려들어 북새통을 이루었다.

카지노 안의 모든 사람들이 그레이스에게 신경 쓰고 있을 때, 이지와 오나시스는 위층으로 통하는 계단을 살금살금 밟고 올라갔다. 위층은 관계자 외 출입이 철저히 금지되고 있었지만 오늘은 경비원들조차 그레이스에게 몰려가 제지하는 사람조차 없었다.

붉은 카펫이 깔린 복도를 소리 죽여 걸으며 이지가 양옆으로 늘어선 방문들을 둘러보았다.

"이게 다 무슨 방들이죠?"

오나시스가 나직이 대답했다.

"카지노에 일 년에 수백만 달러씩 뿌리는 부호들을 위한 특별 객실들이란다. 이 객실들 중 하나에 장부가 숨겨져 있다는 정보를 입수했지."

"이 많은 방들 중 그 방을 어떻게 콕 짚어내냐고요?"

"방문마다 일일이 노크를 하고 확인해보는 수밖에."

"하아~"

태연히 대답하는 오나시스를 보며 이지가 땅이 꺼져라 한숨을 내쉬었다. 그때부터 이지와 오나시스는 방문을 차례로 노크하기 시작했다.

203호에서는 뚱뚱보 할머니가 나타났다. 할머니의 품에는 자신 만큼이나 뚱뚱한 늙은 고양이가 안겨 있었다.

"무슨 일이우?"

오나시스가 정중하게 머리를 숙였다.

"룸서비스입니다. 혹 필요한 게 없으십니까?"

"나는 괜찮아요. 엠마, 얌전히 좀 있으렴. 엄마가 너 좋아하는 스케이트 윙을 줄게."

이지가 고개를 갸웃하며 할머니의 품에서 버둥대는 고양이를 유심히 보았다.

"후우~ 이 객실은 아닌 모양이군."

오나시스가 고개를 흔들며 204호를 노크했다. 204호에서는 대학교수처럼 생긴 점잖은 신사가 나왔다. 친절한 미소를 머금은 신사에게서 수상한 점은 발견되지 않았다. 205호에선 예쁘장하게 생긴 아가씨가 나왔다. 영국에서 휴가를 즐기기 위해 날아왔다는 부자 아가씨도 별로 수상쩍어 보이지 않았다.

결국 이지와 오나시스는 모든 방을 확인해봤지만 수상한 곳은 발견하지 못했다.

"아무래도 이곳에 장부가 숨겨진 방은 없는 것 같구나."

오나시스가 실망스런 표정을 감추지 못한 채 중얼거렸다.

순간 이지가 확고한 표정으로 말했다.

"아뇨, 딱 한 곳 수상한 객실이 있어요."

"정말? 그게 어디인데?"

이지가 203호를 가리키자 오나시스의 표정이 황당하게 변했다.

"저긴 고양이를 키우는 할머니가 묵고 있는 객실이잖아. 설마 그

할머니가 프랑스 마피아라는 거니?"

"그건 모르겠지만 어쨌든 그 할머니는 거짓말을 했어요."

"거짓말이라니?"

"그 할머니가 고양이한테 스케이트 윙을 선물하겠다고 했잖아요? 스케이트 윙은 프랑스식 홍어찜 요리예요."

"그게 뭐 어때서?"

"홍어는 암모니아 향이 독해서 고양이가 유일하게 먹지 않는 생선이라구요."

"……!"

"억지로 잡혀 있는 듯 버둥대는 고양이에게 먹지도 않는 생선 요리를 주겠다는 할머니…… 수상하지 않나요?"

멍하니 이지의 얼굴을 바라보던 오나시스의 입에서 감탄사가 새어나왔다.

"너, 정말 대단하구나. 왕비께서 왜 그토록 너를 신뢰하는지 이제야 알겠다."

"자, 이제부터 어떻게 할까요?"

오나시스가 단호하게 말했다.

"시간이 별로 없으니, 무조건 쳐들어가야지."

"흐흐…… 좋은 생각이에요."

"누구……?"

객실 문이 열리며 할머니가 다시 모습을 드러내는 순간, 오나시스가 어깨로 방문을 들이받아 활짝 열어젖혔다. 놀라 엉덩방아를 찧는 할머니를 스쳐 이지와 오나시스가 객실 안으로 뛰어들었다. 테이블에 둘러앉아 카드 게임을 하고 있던 마피아 두 명이 황급히 일어서는 게 보였다.

오나시스가 부웅 몸을 날리며 두 사람의 얼굴에 차례로 주먹을 꽂았다. 요란한 소리와 함께 널브러진 마피아들의 주머니를 뒤져 이지가 열쇠를 찾아냈다. 그 열쇠를 이용해 방 구석에 놓인 큼직한 금고를 열자 반듯하게 쌓여 있는 다섯 권의 장부가 보였다. 이지가 급히 그것을 챙겨 입구를 향해 달려갔다.

"장부는 놓고 가라!"

방바닥에 쓰러져 있던, 할머니로 분장한 마피아가 손을 뻗어 이지의 발목을 낚아챘다.

"꺄아악!"

퍽! 퍽퍽!

이지가 비명을 지르며 마구 짓밟자 마피아는 거품을 물고 완전히 기절하고 말았다. 오나시스가 이지의 얼굴을 쳐다보며 질린 듯 중얼거렸다.

"오옷~ 이지 너 왕실 근위대에 지원해보지 않을래?"

"놀리지 말고 빨리 가요. 지배인이 눈치채면 왕비님까지 위험해진다고요."

다행히 그레이스와 이지, 오나시스는 무사히 카지노를 벗어날 수 있었다. 품속에 장부를 나눠서 숨긴 이지와 오나시스의 걸음걸이가 부자연스러웠지만 지배인은 그레이스에게 신경 쓰느라 알아차리지 못했다. 지배인이 현관 앞에 세워진 벤츠 승용차의 문을 직접 열어주며 정중히 허리를 숙였다.

"저희 카지노를 이용해주셔서 감사했습니다, 왕비님. 언제든 다시 들러주십시오."

"감사해요. 지배인님의 친절은 잊지 않겠어요."

"과찬의 말씀이십니다."

헤벌쭉 웃는 지배인의 얼굴을 보며 이지는 위층 텅 빈 금고 앞에 쓰러져 있는 부하들을 발견하면 그가 어떤 표정을 지을지 궁금해서 견딜 수가 없었다.

부웅!

벤츠가 출발하는 순간, 이지가 허리를 숙이고 있는 지배인을 향해 혀를 쑥 내밀었다.

"메롱~"

그레이스와 이지가 무사히 카지노를 빠져나온 그 시각, 레니에는 스테판 남작의 갑작스런 방문을 받았다. 집무실에서 레니에와 마주 앉은 남작은 말없이 서류 봉투를 내밀었다.

"이게 뭡니까?"

"열어보십시오."

의아한 표정으로 봉투를 열고 그 안에 든 사진을 확인한 레니에의 안색이 핼쑥해졌다.

"이, 이건······?"

그것은 그레이스가 데뷔 초기 사귀었던 남자친구와 뜨거운 햇살이 쏟아지는 해변에서 열정적으로 키스하는 사진이었다. 젊은 남녀 사이에 충분히 가능한 애정 표현이었지만 그것이 일국의 왕비라면 문제가 있었다. 게다가 모나코는 독실한 카톨릭 국가가 아닌가.

눈을 부릅뜬 채 사진을 들여다보는 레니에를 향해 남작이 희미하게 미소 지었다.

"왕비님의 데뷔 초인 1951년 플로리다 해변에서 찍힌 사진입니다. 당시 플로리다에서 '백주의 결투'라는 영화를 찍다가 상대 배우와 사랑에 빠지셨더군요."

레니에가 분노 어린 표정으로 항의했다.

"당시 왕비는 나를 알지도 못했소. 그때의 연애가 대체 무엇이 문제란 말이오?"

"국민들도 과연 그렇게 생각할까요?"

"!"

"국민들은 왕비님을 성녀처럼 떠받들고 있습니다. 그런데 이 사진이 신문을 통해 대대적으로 공개되어 보십시오. 지저분한 추문이 실린 기사와 함께 말입니다. 아마도 완고한 백성들 사이에서 왕비 퇴위 운동까지 벌어질 겁니다."

"이런 악랄한……."

남작이 야비하게 웃으며 응수했다.

"악랄하다고요? 미안하지만 먼저 싸움을 걸어온 것은 왕비님 쪽이었습니다."

레니에가 간신히 화를 억누르며 물었다.

"원하는 게 뭐요?"

레니에의 얼굴을 물끄러미 바라보던 스테판 남작이 툭 내뱉었다.

"카지노는 건드리지 마십시오."

"뭐라고요?"

"전하와 왕비께서 카지노를 개혁하려 한다는 걸 알고 있습니다. 제발 그것만은 참아주십시오. 그렇다면 이 낯 뜨거운 사진이 세상에 공개되는 일도 없을 겁니다."

"하아~"

레니에가 절망적인 표정으로 한숨을 내쉬었다.

"내가 어떻게 그 거대한 할망구를 쓰러뜨렸냐면 말이죠……."

다음 날 아침, 이지는 레니에, 그레이스, 오나시스와 함께 초여름의 기분 좋은 햇살이 비추는 테라스에 둘러앉아 브런치를 먹으며 어제의 무용담을 신나게 떠벌리고 있었다.

이지가 옆에 놓인 장부를 툭툭 두드리며 자랑스럽게 말했.

"이 정도면 충분히 행정위원들을 설득할 수 있겠죠?"

그레이스도 흡족한 표정으로 고개를 끄덕였다.

"이렇게 명백한 증거가 있는데 어떻게 거부하겠니?"

"만약 거절한다면 언론을 이용하면 돼. 내 친구 중에 프랑스의 유명 일간지 르몽드의 편집장이 있는데 그 친구한테 이 장부를 넘겨주면 대서특필해줄걸."

오나시스도 커피를 홀짝이며 거들고 나섰다.

"오, 르몽드라면 저도 들어본 적이 있어요."

반색하던 이지가 우울한 표정의 레니에를 발견하고 고개를 갸웃했다.

"전하께서는 기쁘지 않으세요?"

"으응?"

"오랜 꿈이었던 카지노의 개혁이 가능해졌잖아요."

"으음……."

곤혹스런 표정으로 신음을 흘리던 레니에가 나직이 말했다.

"아무래도 카지노 개혁은 미루는 게 좋을 것 같다."

"그게 대체 무슨 말씀이세요?"

"내가 너무 성급했어. 어쨌든 카지노는 모나코의 핵심 산업인데, 이게 잘못되면 나라의 재정이 파탄날 수도 있거든."

"우리가 얼마나 힘들게 장부를 빼냈는데 이제 와서……."

분통을 터뜨리려는 이지를 그레이스가 재빨리 제지했다.

"용기를 내요, 레니에. 승부를 조작하는 카지노를 방치하면 어차피 모나코의 관광 산업은 몰락하게 되어 있어요."

"그래도 시간을 두고 신중히 개혁하는 게 낫지 않겠소?"

"대체 뭐가 두려운 거예요? 카지노 개혁을 더 이상 미룰 수 없다는 걸 아시잖아요."

"무슨 말인지 알겠으니 시간을 두고 생각해 봅시다."

레니에가 도망치듯 자리에서 일어섰다.

"전하! 전하!"

그레이스가 애타게 불렀지만 그는 뒤도 돌아보지 않고 밖으로 나가버렸다.

"대체 왜 저러지?"

이해할 수 없다는 표정의 그레이스를 보며 이지가 중얼거렸다.

"스테판 남작의 꼬임에 넘어간 게 분명해요."

"이지, 전하는 그럴 분이 아니야."

"그럼 왜 갑자기 태도를 바꾼 건데요?"

"그건……."

선뜻 대답하지 못하는 그레이스의 얼굴도 우울하게 변했다. 골똘히 생각에 잠겨 있던 오나시스가 냅킨으로 입가를 훔치며 일어섰다.

"제가 전하와 얘기를 나눠보죠."

7
안녕, 눈부셨던 시절이여

며칠이 지났지만 레니에는 카지노 개혁을 위한 행정위원회를 소집할 생각조차 하지 않았다. 이지는 레니에가 스테판 남작에게 넘어간 것이 분명하다고 주장했지만 그레이스는 그때마다 국왕을 옹호했다.

"레니에는 그런 사람이 아니야. 분명 무슨 사정이 있을 테니 조금만 더 기다려보자."

하지만 그날 밤, 이지는 더 이상 참지 않기로 했다. 그녀는 아직 불이 켜져 있는 국왕의 집무실로 무작정 쳐들어갔다. 레니에는 자신의 책상 너머에 양손으로 머리를 감싼 채 앉아 있었다. 이지가 그에게로 다가서며 비꼬는 투로 말했다.

"흥~ 그래도 고민은 되는 모양이죠?"

"오, 이지 왔구나."

책상 앞에 서는 이지를 발견하고 레니에가 반가운 척을 했다. 하지만 이지의 표정은 쌀쌀맞기만 했다.

"자, 이제 고백해 봐요."

"뭘 말이니?"

"스테판 남작과 어떤 거래를 했는지 말이에요. 절대로 전하의 왕좌를 빼앗지 않겠다고 약속했나요? 아니면 전하의 충성스런 신하가 되겠다고 했어요?"

"으음……."

레니에가 신음을 흘렸다.

"말을 못 하는 걸 보니 사실인 모양이군요?"

레니에가 고통스럽게 미간을 찌푸렸다.

"이지, 나는 적어도 그렇게 비겁한 남자는 아니야."

"그럼 대체 왜 카지노 개혁을 못 하겠다는 건데요?"

"나중에 설명할 테니 그만 나가 봐라."

"싫어요. 지금 당장 들어야겠어요."

"이익!"

격분한 레니에가 자리를 박차고 일어섰다. 그리고 이지를 무섭게 쏘아보았다. 이지도 물러서지 않고 그의 눈빛을 받아냈다.

"이쯤에선 이지에게도 설명해주는 게 낫지 않을까요?"

갑작스런 목소리에 이지가 휙 돌아섰다. 어느새 오나시스가 의미심장한 미소를 지으며 다가오고 있었다.

"설마 오나시스도 전하에게 설득당한 거예요?"

눈을 치켜뜨는 이지를 가리키며 오나시스가 어깨를 으쓱했다.

"보세요. 진실을 알기 전에는 포기할 아이가 아니라니까요."

잠시 더 이지를 바라보던 레니에가 서랍에서 사진 한 장을 꺼냈다.

"정 원한다면 봐라."

사진을 들여다보며 이지가 고개를 갸웃했다.

"이건…… 그레이스의 사진이잖아요?"

"그래, 1951년도에 플로리다 해변에서 애인과 함께 찍힌 사진이야."

"이 사진이 카지노와 무슨 상관인데요?"

"만약 카지노를 건드리면 스테판 남작은 이 사진을 신문을 통해 공개하겠다고 협박했어."

"이게 어때서요? 사귀던 남자와 키스한 게 잘못이란 건가요?"

"모나코는 보수적인 천주교 국가야. 게다가 국민들은 왕비를 성녀처럼 떠받들고 있지. 이 사진에 소설 같은 기사가 곁들여진다면 왕비는 퇴위를 당할지도 몰라."

"맙소사…… 그런 말도 안 되는……!"

입을 쩍 벌리며 이지는 비로소 레니에가 망설이는 이유를 알 것 같았다. 그에게는 모나코의 미래보다도 아내가 소중했던 것이다.

"미안해요, 레니에. 난 그런 줄도 모르고……."

사과하는 이지를 향해 레니에가 힘없이 웃었다.

"괜찮다. 그보다는 그레이스가 카지노의 장부를 공개하지 못하도록 하는 게 중요해."

"장부는 공개될 거예요."

"!"

갑작스런 목소리에 이지와 오나시스가 흠칫 돌아섰다. 확고한 표정의 그레이스가 방문을 열고 들어오는 게 보였다.

"그레이스……."

당황하는 레니에의 얼굴을 똑바로 쳐다보며 그레이스가 말했다.

"이번 기회를 살리지 못하면 모나코를 살기 좋은 나라로 만들겠다는 전하의 꿈은 영영 물거품이 되고 말 거예요."

"모나코를 위해 왕비를 잃는다면 내게는 아무런 의미가 없소."

"약한 말씀 마세요, 전하."

레니에는 완강하게 고개를 가로저었다.

"싫소. 이번만은 왕비의 말을 받아들일 수 없으니 그런 줄 아시오."

"전하……."

이지와 오나시스도 레니에를 거들었다.

"전하의 말대로 해요, 그레이스. 기회는 또 있을 거예요."

"저도 전하의 말씀에 전적으로 찬성합니다."

그레이스가 깊은 한숨을 내쉬며 마지못해 고개를 끄덕였다.

잠시 후, 이지와 그레이스, 오나시스가 나란히 방문을 열고 나왔다. 복도로 나오자마자 그레이스가 오나시스를 향해 말했다.

"오나시스, 우리가 확보한 장부들을 당장 르몽드의 편집장에게 전해줘요."

이지는 기절할 듯이 놀랐다.

"으엑! 그럼 왕비님은 쫓겨나게 된다고요."

콰악!

"윽!"

그레이스가 양손으로 어깨를 강하게 움켜잡자 이지가 움찔했다. 그 상태로 이지의 눈을 들여다보며 그레이스가 힘주어 말했다.

"이지, 나를 구하기 위해 새크라멘토강의 격랑 속으로 뛰어든 레니에의 모습을 기억하고 있을 거야. 그가 나를 위해 원초적 공포심에 맞섰듯 나도 이제 그를 위해 책임을 다하려고 해. 다른 사람은 몰라도 이지는 내 마음을 이해해주겠지?"

"그레이스, 당신은 정말이지……."

말을 맺지 못하고 입술을 파르르 떠는 이지의 눈가에 물기가 비쳤다. 이지는 그레이스 켈리라는 사람을 통해 사랑의 의미를 새롭게 깨닫는 기분이었다. 사랑은 믿음이고, 믿는다면 책임을 다해야 한다는 진리를 그녀는 몸소 증명해보이고 있었다.

'아…… 나의 사랑은 어떠하였는가?'

이지는 어쩔 수 없이 자신과 주노, 자신과 필립의 관계를 떠올릴 수밖에 없었다. 그리고 스스로 사랑을 지키기 위해 과연 책임을 다했는지 반문했다.

그레이스가 오나시스를 돌아보며 빙그레 미소 지었다.

"오나시스도 내 뜻에 따라줄 거죠?"

"기꺼이 명을 받들겠나이다, 왕비님."

오나시스가 모처럼 진지한 표정으로 가슴을 손바닥을 붙인 채 고개를 숙였다.

다음 날 모나코 전체가 발칵 뒤집혔다. 모나코에서도 프랑스와 같은 시각에 발간되는 르몽드지에 몬테카를로 카지노에 대한 폭로 기사가 대문짝만하게 실렸기 때문이다. 기사의 맨 윗줄에는 '모나코의 카지노, 추악한 진실!'이라는 다소 선정적인 헤드라인이 붙어 있었다.

오전이 가기 전에 레니에 3세의 기자회견이 열렸다. 모나코에 머물던 기자들은 물론 프랑스에서 몰려든 기자들까지 합세해서 왕궁 내의 회견장은 북새통을 이루었다. 플래시가 작렬하는 가운데 레니에 3세가 단 위로 올라섰다. 그리고 행정위원들과 급히 합의한 카지노 개혁안을 발표했다.

"저는 모나코의 합법적인 통치자로서 행정위원회와의 협의를 거쳐 모나코의 모든 카지노에 대한 세 가지 개혁안을 발표하려 합니다. 첫째, 모나코의 모든 카지노에 대한 관리는 모나코 왕실에서 맡는다. 둘째, 모나코의 모든 카지노에서 일체의 승부 조작을 불허한다. 셋째, 모나코의 모든 카지노에 모나코 자국민의 출입을 불허한다."

기자들 사이에서 탄성이 새어나왔다.

"카지노의 관리를 왕실에서 맡으면 마피아들이 힘을 잃겠군."

"카지노 때문에 빈털터리가 되는 자국민과 관광객도 사라지겠지."

"이것으로 모나코에 대한 프랑스의 영향력은 더욱 줄어들 거야."

다시 기자들의 플래시가 터지는 가운데 레니에가 스윽 고개를 들어 기자들 뒤편에 이지, 오나시스와 나란히 서 있는 그레이스를 쳐다보았다. 레니에의 눈빛에는 왕비에 대한 사랑과 미안함이 가득했다. 그레이스도 레니에를 향해 믿음과 애정이 가득한 미소를 보냈다. 그레이스의 옆얼굴을 측은하게 바라보며 이지가 걱정스럽게 중얼거렸다.

"이제 곧 스테판 남작의 복수가 시작될 텐데 어쩌면 좋죠?"

"카지노 산업만 정리되면 모나코에서 모든 걱정은 사라질 거야. 그런 다음에는 퇴위당해도 상관없어."

"그레이스……."

이지가 눈물을 글썽일 때 오나시스가 문제의 사진을 들어 올렸다.

"레이디들, 지금 이 사진 때문에 걱정하고 계신 겁니까?"

"당연한 걸 왜 물어요?"

눈을 치켜뜨는 이지를 보며 오나시스가 히죽 웃었다.

"저런, 괜한 걱정을 하고 계셨군요."

"예, 그게 무슨 말이에요?"

눈을 동그랗게 뜨는 이지 앞에서 오나시스가 사진에 입김을 호오 불어넣었다. 그리고 사진을 손가락으로 슥슥 문질렀다. 오나시스가 손가락을 들어 올리자, 놀랍게도 그곳에 물감이 묻어 있는 것이 아닌가?

"이게 대체 무슨……?"

황당한 표정을 짓는 두 사람을 향해 오나시스가 짓궂게 웃었다.

"이 사진은 가짜예요. 원래는 이마에 가볍게 입맞춤하는 사진인데 물감으로 정교하게 채색을 했더군. 지난 밤 월터스 감독이 밝혀낸 사실이죠."

"맙소사……!"

"왕비님을 모함한 이 가짜 사진으로 오히려 스테판 남작을 쫓아낼 수 있을 것 같습니다만."

"오나시스, 정말 뭐라고 감사를 드려야할지……."

감격하는 그레이스를 대신해 이지가 오나시스를 와락 끌어안았다.

"꺄악~ 오나시스, 멋쟁이!"

"하하, 여자들이란 나를 그냥 내버려두질 않는다니까."

오나시스가 뒤통수를 긁적이며 느끼하게 웃었지만 이지는 이번만은 모른 척해주기로 했다.

"우읍!"

두 사람을 흐뭇하게 지켜보던 그레이스가 갑자기 손바닥으로 입을 가리며 헛구역질을 했다. 놀란 이지가 오나시스에게서 떨어져 재빨리 그녀를 부축했다.

"왜 그래요, 그레이스?"

"너무 긴장한 탓인지 오전부터 속이 좋지 않았어. 미안하지만 화장실까지 부축 좀 해줄래?"

"알았어요."

기자들의 소란스런 질문을 뒤로한 채 이지와 그레이스가 회견장 밖으로 나갔다.

"웁! 우웁!"

화장실에서도 그레이스는 연신 헛구역질을 했다. 그녀의 등을 두드리던 이지가 문득 고개를 갸웃했다.

"체한 게 아니라 혹시……."

"혹시 뭐?"

간신히 허리를 세우는 그레이스의 얼굴을 들여다보며 이지가 눈을 부릅떴다.

"임신이 아닐까요?"

"임신이라고? 내가?"

"예."

"그러고 보니……."

손가락으로 날짜를 헤아리던 그레이스의 표정이 환해졌다. 그레이스가 이지의 손을 잡으며 들뜬 목소리로 말했다.

"이지, 어쩌면 좋아? 정말 임신인 것 같아."

어느새 그레이스의 눈시울이 붉어져 있었다.

"잘됐어요. 정말 잘됐어요."

사실 그레이스는 아이가 생기지 않아 고민해왔던 것이다. 모나코 왕위를 계승할 후계자가 더 이상 없을 시에는 마지막 대공이 죽고 나서 나라 전체가 프랑스에 합병된다는 1918년의 조약 때문에 그녀와 레니에는 늘 마음이 무거웠다. 그녀를 배려해 레니에는 한 번도 내색하지 않았지만, 그래서 그레이스는 더욱 초조해 하고 있었다. 모나코를 부유한 나라로 만드는 데 가장 큰 걸림돌이었던 카지노도 개혁하고, 왕좌를 든든하게 지켜줄 아이까지 생겼으니 그레이스로서는 이제 더 이상 바랄 것이 없었다.

"정말 고마워, 이지. 네 도움이 없었으면 절대로 해낼 수 없었을 거야."

"아니에요. 그레이스의 사랑과 믿음이 이 모든 일을 해냈어요."

"오늘 저녁 근사한 파티를 열자. 오랜만에 신 나게 춤도 추고, 노래도 부르는 거야."

그레이스가 들뜬 표정으로 말했지만 이지는 어색하게 웃으며 고개를 가로저었다.

"미안하지만 그 파티에는 참석할 수 없을 것 같아요."

"응, 어째서?"

"이제 떠날 시간이거든요."

"갑자기 어디를 간다는…… 아앗!"

의아한 듯 중얼거리던 그레이스가 짧은 비명을 질렀다 이지의 몸 윤곽을 따라 빛이 희미하게 떠오르는 것을 발견했기 때문이다. 이지를 감싼 빛이 점점 강렬해지는 것을 지켜보며 그레이스가 놀란 어조로 중얼거렸다.

"이지 네 몸에서 빛이 나고 있어? 대체 무슨 일이 벌어지고 있는 거지?"

"놀라지 말아요, 그레이스. 이제 내가 살던 세계로 돌아가려는 것뿐이니까요."

"……."

한동안 혼란스런 눈으로 이지의 얼굴을 멍하니 바라보던 그레이스가 천천히 고개를 끄덕였다.

"무슨 일인지 잘 모르겠지만, 네가 그렇다면 그런 것이겠지. 이지, 그동안 네가 곁에 있어줘서 정말로 고마웠단다."

"아뇨, 나야말로 고마웠어요. 그레이스 덕분에 사랑을 위해서 내가 무엇을 어떻게 책임져야 하는지 깨닫게 되었거든요."

"이지야, 안녕. 어딜 가든 행복해야 돼."

"그레이스도 영원히 행복하길 빌게요."

바로 그 순간 이지로부터 빛의 폭풍이 터져 나오는가 싶더니, 그녀의 모습이 과거의 공간에서 완전히 사라져버렸다. 그와 동시에 왕궁 안 이지의 침실, 푸른 지중해가 내려다보이는 창가 쪽 자리에 놓여 있던 「세기의 로맨스」도 눈부신 빛에 싸인 채 사라졌다.

"얘, 괜찮니?"

콘서트장 계단 아래 멍하니 주저앉아 있는 이지의 얼굴을 고등학생 언니들이 걱정스럽게 들여다보았다. 눈을 껌뻑껌뻑하며 언니들의 얼굴을 쳐다보던 이지는 비로소 자신이 현실로 돌아왔음을 깨달았다.

이지가 과거의 세계에서 마지막으로 했던 말을 되뇌어 보았다.
"사랑을 위해서 내가 무엇을 어떻게 책임져야 하는지 깨달았어요."
"얘가 뭐라는 거니?"
"머리를 다쳤나?"
이지가 바닥에 떨어진 「세기의 로맨스」를 주우며 박차고 일어섰다. 그리고 언니들을 헤치고 무작정 달려 나갔다.
"필립을 데려와야 해!"

쾅쾅쾅!
"필립! 빨리 나와 봐, 필립!"
이지는 필립의 집 대문을 부셔져라 두드렸다. 이지의 뒤에는 방금 타고 온 택시가 세워져 있었다.
"이봐, 아가씨! 언제까지 기다려야 하는 거야?"
차창 밖으로 얼굴을 내밀고 불만스럽게 말하는 기사 아저씨를 이지가 휙 째려보았다.
"곧 나올 테니 잠깐만 기다리세요. 택시비 드리면 되잖아요."
"끄응~"
이지의 기세가 어찌나 대단한지 기사 아저씨는 그만 입을 다물고 말았다.
덜컹!
이때 문이 열리면서 필립이 모습을 드러냈다.

"필립, 나와 주었구나!"

반색하는 이지를 향해 필립이 냉담하게 말했다.

"콘서트장에는 가지 않을 테니 포기하고 돌아가."

"안 돼!"

돌아서는 필립의 팔을 이지가 붙잡았다.

"뭐가 안 된다는 거야?"

짜증스런 듯 돌아보는 필립을 향해 이지가 진지하게 말했다.

"네 말대로 나는 아직 주노 선배를 좋아해. 그리고 그것 때문에 네가 화를 내는 것도 당연하다고 생각해. 하지만 너와 소중한 친구로 남겠다는 생각에도 변함은 없어."

"그게 무슨 말도 안 되는……?"

"그래, 어쩌면 내가 억지를 부리고 있는지도 모르지. 하지만 주노 선배를 좋아하면서 너와도 좋은 친구로 남는 것이 내가 할 수 있는 최선의 선택이라고 생각하고 있어. 그리고 나는 이 선택에 책임을 지기 위해 무슨 짓이든 할 거야."

"……!"

필립이 충격 받은 눈으로 이지의 확고한 얼굴을 뚫어져라 응시했다. 한참만에야 필립의 입가에 피식 실소가 떠올랐다.

"윤이지, 너 변했구나? 뭐랄까, 갑자기 어른이 돼버렸다고나 할까?"

이지의 표정에 희망이 스쳤다.

"방금 그 말은 나와 함께 가겠다는 뜻이니?"

"실은 네가 당당하게 말해주길 바랐어. 내가 아니라 하주노를 좋아한다고 말이야. 그랬더라면 좀 더 일찍 화가 풀렸을지도……."

"고마워! 그리고 미안해, 필립!"

이지가 반가운 마음에 필립의 손을 덥석 잡으며 돌아섰다.

"빨리 택시를 타야……."

그제야 택시는 이미 떠났음을 깨닫고 이지가 분통을 터뜨렸다.

"으아아~ 말미잘같은 아저씨 같으니!"

끼익!

그런 이지 앞에 번쩍번쩍 빛나는 외제 승용차 한 대가 멈춰 섰다. 차창이 스륵 내려가며 세라가 얼굴을 드러냈다.

"세, 세라야?"

이지를 뚫어져라 보던 세라가 짐짓 퉁명스럽게 말했다.

"콘서트장까지 최대한 빨리 태워다주면 그동안 너한테 못되게 굴었던 거 용서해줄래?"

"그게 무슨……?"

"싫으면 말고."

올라가는 차창을 이지가 와락 붙잡았다.

"용서할게! 당연히 용서하고말고!"

"큭큭, 그럼 우린 다시 친구로 지내는 거다."

"알았으니까 빨리 공연장으로 달려!"

이지가 필립과 함께 옆자리로 타자마자 세라가 기사 아저씨를 향해 말했다.

"아저씨, 빛의 속도로 달려주세요."

"옙, 아가씨!"

"우와아아아!"

체조경기장을 가득 메운 3P의 팬들이 내지르는 함성은 엄청났다. 팬들은 아직 하주노의 이름을 잊지 않았고, 더불어 필립과 유찬도 기억하고 있었다. 한 사람도 빼놓지 않고 자리를 박차고 일어선 팬들의 아래쪽으로 넓은 경기장 한복판에 설치된 무대에서 고개를 숙인 채 서 있는 주노와 필립, 유찬 세 사람은 너무도 왜소해 보였다. 하지만 막상 조명이 들어오자 그들은 결코 왜소하지 않았다. 신으로부터 선물 받은 재능과 카리스마를 마음껏 발산하며 주노가 격정적으로 춤추기 시작했다. 필립과 유찬도 사력을 다해 주노를 따라갔다. 팬들이 내뿜는 열기 때문에 숨이 막힐 지경에 이르렀을 무렵, 주노와 필립과 유찬은 어느새 무대를 완전히 지배하고 있었다.

"주노 선배……!"

벅찬 감동으로 눈물을 흘리는 이지의 눈에 머리카락을 갈기처럼 휘날리며 춤추는 주노의 모습이 들어왔다. 그는 한 마리 야생마처럼 보였다. 끝도 없이 펼쳐진 초원을 자유롭게 질주하는 아름다운 영혼.

그제야 이지는 깨달을 수 있었다. 하주노야말로 자신이 오랫동안 꿈꿔왔던 그런 사랑이었다는 사실을. 그와 함께 산길을 걷고, 비밀스런 얘기를 나누고, 마주보며 행복에 겨운 미소를 짓고 싶은 그런 남자라는 것을 말이다.

"고마워. 어쩌면 이게 다 너의 덕분인지 몰라."

이지가 마치 둘도 없는 친구라도 되는 양 「세기의 로맨스」를 꼭 끌어안았다.

후우웅!

순간 양장본 책 표지에서 빛이 희미하게 새어나오기 시작했다. 주변의 관객들은 무대에 정신이 팔려 미처 알아차리지 못했지만 빛은 조금씩 강렬해지고 있었다. 양장본 표지에서 뿜어지는 빛에 얼굴을 환하게 물들인 채 이지는 양손으로 들어 올린 책을 뚫어져라 응시했다. 이지는 느낄 수 있었다. 책이 이제 사랑을 완성한 자신을 떠나 또 다른 어떤 소녀에게로 떠나려고 하고 있음을.

코끝이 시큰해지는 것을 느끼며 이지가 다정하게 속삭였다.

"그래, 나처럼 사랑 앞에서 망설이는 아이를 찾아가서 도와주렴. 네가 어디로 가든 영원히 잊지 못할 거야. 너야말로 나의 가슴 떨리는 첫사랑을 함께 지켜봐준 소중한 친구니까. 그동안 정말 고마웠어."

이지의 인사에 보답이라도 하듯 책이 다시 한 번 눈부시게 빛났다. 너무도 세찬 빛에 이지가 질끈 눈을 감는 순간, 책은 그녀의 손아귀에서 연기처럼 흩어지고 말았다. 천천히 눈을 뜨고 텅 빈 손바닥을 들여다보며 이지가 아쉬움이 가득 베인 목소리로 중얼거렸다.

"안녕, 나의 가장 눈부셨던 소녀 시절의 한 페이지여……."

세기의 여배우 그레이스 켈리

1. 할리우드의 여배우

유명 스타 영화배우 중 가장 아름다운 여성으로 손꼽히는 그레이스 켈리는 1929년 미국 펜실베이니아주 필라델피아의 명문가에서 태어났다. 1947년 고등학교를 졸업하고 수학 성적이 낮아 대학 진학에 실패한 뒤 뉴욕으로 가서 미국극예술아카데미(American Academy of Dramatic Arts)에 들어가 모델로 데뷔한 그녀는 브로드웨이와 TV 생방송에서 연기를 하다가 마침내 할리우드의 스릴러 「14시간」에서 단역을 맡게 되었다. 그 후 많은 영화에 출연하며 이름과 얼굴을 알린 그레이스 켈리는 아카데미 여우주연상을 수상하며 여배우로서 최고의 자리에 올랐고, 화보 촬영을 위해 간 모나코에서 레니에 대공을 만나 그와 결혼하기로 결정하면서 영화계에서 은퇴했다. 그녀는 그 후로 일국의 왕비로서 계속 스포트라이트를 받았다.

2. 그레이스 켈리의 영화

5년 간의 영화계 생활 중 그레이스 켈리가 출연한 영화는 그리 많지 않다. 스릴러 「14시간(1951)」에서 단역을 맡으며 처음 영화계에 데뷔한 그레이스는 1년 후에는 서부극 「백주의 결투」에서 게리 쿠퍼의 퀘이커 교도 아내로 출연했다. 크게 히트한 영화 덕에 그레이스도 이름을 알렸고 이후 아프리카를 배경으로 한 모험 영화 「모감보(1953)」에서 클라크 게이블, 에바 가드너와 함께 주연을 맡았다. 알프레드 히치콕의 「다이얼 M을 돌려라(1954)」와 「이창(1954)」 두 편에서 제임스 스튜어트의 상대역으로 등장했고, 「나는 결백하다(1955)」에도 출연한 그레이스는 히치콕이 좋아하는 전형적인 금발 미인이었다. 기품 있고 우아한 미모와 연기로 큰 인기를 끈 그레이스는 겉은 침착하고 조신하지만 속에는 뜨거운 열정이 이글거리는 배우로서 많은 사람들이 함께 일하기를 원했다.

남아메리카를 배경으로 한 모험 영화 「그린 파이어(1954)」는 그레이스의 재능을 낭비한 영화였지만, 「갈채(1954)」에서는 알코올 중독자가 된 한물간 가수의 재기를 위해 끊임없이 헌신하는 충실한 아내 역으로 좋은 연기를 선보여 아카데미 여우주연상을 받았다. 그 다음으로 출연한, 한국전을 배경으로 한 「원한의 도곡리 다리(1955)」가 있고, 히치콕의 「나는 결백하다(1955)」에서 캐리 그랜트의 상대역으로 출연했다.

그레이스 켈리의 다음 영화 「백조(1956)」는 유럽 왕족의 이야기를 다룬 코미디였다. 이걸 찍고 있을 당시만 하더라도 그레이스는 자신이 왕족이 되리라고는 꿈에도 생각지 못했을 것이다. 그리고 그 다음 영화가 그녀의 마지막 출연작인 「상류사회(1956)」이다. 할리우드 코미디인 「필라델피아 스토리(1940)」를 뮤지컬로 리메이크한 영화에서 켈리는 프랭크 시나트라와 빙 크로스비의 상대역을 맡았다. 이후로 영화계에서 그레이스 켈리를 만날 수는 없었다.

3. 세기의 결혼식

유럽의 작은 공국 모나코의 새로운 지배자 레니에 대공은 세상에서 가장 부유한 미혼남이었다. 모나코에 머물고 있던 오나시스와 레니에는 모나코의 관광 산업을 위해 할리우드의 유명 여배우와의 결혼을 원했다. 그는 많은 여배우들을 후보로 두고 보다가 결국 그레이스 켈리로 마음을 정했다. 그레이스는 가톨릭 신자이고 우아한 여배우의 대명사여서 왕비 감으로 적합하다고 생각했기 때문이다. 할리우드 배우로서 전성기를 구가하고 있던 그레이스 켈리는 오랜 고민 끝에 레니에의 청혼을 받아들였고, 영화계에서 은퇴, 세계인들이 지켜보는 가운데 오랫동안 기억될 세기의 결혼식을 올린다. 영화보다 더 영화 같은 그레이스 켈리와 레니에 대공의 결혼은 수많은 여성들이 꿈꾸던 바로 그런 러브스토리였다.

1956년, 유럽 전통 방식으로 모나코 대성당에서 성대하게 치러진 결혼식은 역사상 가장 아름다운 결혼식 중 하나로 손꼽힌다. 두 사람의 결혼식을 보기 위해 각국의 수장들과 정재계 인사, 할리우드 스타를 비롯한 수많은 사람들이 모나코로 몰려들었다. 각국의 사절단들이 그레이스 켈리의 결혼식을 축하하기 위해 연이어 방문했고, 결혼식이 열리는 동안 유럽 전역이 축제 분위기를 이어가며 결혼을 축복했다.

모나코의 왕비가 된 그레이스 켈리는 특유의 패션으로도 화제를 모았다. 우선 레니에 3세가 청혼할 때 그레이스 켈리에게 선물했다는 12캐럿 다이아몬드 반지는 그녀가 이 반지를 끼고 영화 「상류사회」에 출연함으로써 청혼을 수락했음을 알려 더욱 유명해졌다. 또한 그레이스 켈리가 결혼식에 입은 웨딩드레스는 훗날 로얄 웨딩의 기준이 되었고 우아함의 극치, 클래식 웨딩드레스의 독보적 아이콘이라 불리는 등 세기의 웨딩드레스로 기억된다.

MGM 영화사의 코스튬 디자이너 헬렌 로즈가 제작한 드레스는 A라인으로 퍼지는 실루엣이 아닌 튤립 봉오리가 연상되는 볼륨 형태로 그레이스의 우아하고 격조 있는 아름다움을 잘 표현했다. 절제미와 우아함이 돋보이는 이 드레스는 최근까지 새신부들이 사랑하는 아이템으로 각광을 받고 있다. 또한 헤어스타일은 물론 의상, 가방에 장신구까지 그레이스가 하면 모든 여자들의 관심을 받았다. 그 유명한 '그레이스 켈리'백(bag)은 아직까지 여성들에겐 전설이다.

그레이스 켈리는 왕비가 된 뒤 모나코를 알리는 데 힘썼다. 유럽의 작은 소국을 찾는 관광객들이 많아졌고, 모나코의 관광 산업이 팽창했다. 그레이스는 한 남자의 아내, 아이들의 어머니로서 절제된 삶을 살며 공식 행사 외는 모습을 드러내지 않았으나 역설적으로 언론은 그런 그녀에게 열광했다.

4. 여배우가 사랑한 나라 모나코

모나코(Monaco)는 앙증맞은 나라다. 바티칸시국(Vatican)에 이어 세계에서 두 번째로 작은 나라인 모나코는 다른 나라의 여느 도시보다도 작고 아담하다. 하지만 그레이스 켈리 덕에 사람들은 모나코를 신비롭고 호사스러운 곳으로 기억한다. 세기의 여배우와 일국의 왕의 훈훈한 러브스토리와 수만 명이 몰려든 웨딩마치는 프랑스 한 모퉁이의 소국을 전세계인의 관심의 대상으로 만들었다. 모나코는 미국 등 세계의 주목을 받는 관광대국으로 급성장했다. 절세의 미녀와 관광수입을 한꺼번에 얻어낸 레니에 3세는 뛰어난 정치가이자 로맨티시스트였던 셈이다.

모나코와 프랑스 사이에는 '계승자가 없으면 프랑스와 합병한다'는 조약(1918년)이 있었다. 대공에게 후사가 없을 경우 합병은 피할 수 없는 문제였는지라 레니에 3세와 그레이스 켈리의 결혼에는 합병을 피하고 경제 위기를 타개하기 위한 의도도 숨어 있었을 것이다. 의도야 어쨌든 레니에 3세와 그레이스 켈리는 행복한 부부였으며 둘 사이에서 태어난 세 명의 아이들도 많은 사랑을 받으며 자랐다.

모나코가 사랑한, 전 세계인이 사랑한 아름다운 왕비 그레이스의 끝은 그리 좋지만은 않았다. 1982년, 그레이스 켈리는 딸과 함께 해안도로를 달리던 중 교통사고로 숨지고 말았다. 하지만 아이러니하게도 이 불운한 사고는 모나코를 더욱 알리는 계기가 되어 그레이스 켈리를 추억하는 이들의 발길이 더 늘기도 했다.